「民意」と政治的態度のつくられ方

工藤宏司
堅田香緒里
桜井智恵子
広瀬義徳
水岡俊一
柳沢文昭

太田出版

はじめに

本書は、２０１７年４月から２０１９年３月まで組織された「『民意』研究委員会」による共同研究の成果をまとめたものである。はじめに、この委員会が組織された際に示された研究諮問文の一部を引用し、この委員会の問題意識を示しておきたい。

「民主主義や政治も経済も劣化させる政策を次々に繰り出すにもかかわらず、安倍政権への支持率は高い。独裁は一人の政治家によって成し遂げられるものではなく、『民意』に支えられてこそ、その支配はゆるぎないものとなる。つまり、多くの人々が自分たちを苦しめているはずの諸政策をそのまま引き受けてしまうのはなぜなのか、問う必要がある。学校に限らず、社会の隅々にまで張り巡らされた競争的環境によって明らかに苦しめられているにもかかわらず、その競争的価値の枠組み自体を問い直すことよりも、その価値を前提としてその中で成功しようとするのはなぜなのか。このようないわば自発的に苦しい状況に従っていく動きをわたしたちはどのようなものとして捉えればよいのか。」

（「民意」研究委員会 研究趣旨　一部抜粋。下線は筆者付記）

ここで示される認識は、本書の題の「政治的態度のつくられ方」という用語に込められた意味を考えていただくことで、あるいは合点いただけるかもしれない。私たちの「政治」への向き合い方、そこで表明される意見や選択など「政治的態度」には、よく考えてみると、矛盾していたり、辻褄があわないように見えたりすることが含まれることがある。この委員会の趣旨文に示されたのは、この「矛盾」に見える状況を支える原理の解き明かしの必要性であり、それに立脚した新たな方向性を模索するという強い意志だった。

　こうした趣旨文のもとに本研究委員会を構成した６名は、それぞれ依って立つ学問領域が多様であり、そのことは本委員会のひとつの特徴である。それは教育学・教育思想、教育行政学など、学校と教育に関わる領域にとどまらず、フランス文学や社会学、社会福祉学などにわたり、一見、まとまりに欠けるようにも見える。しかし構成メンバーのこうした多様性は、「民意」という、それ自体に明確な形がない対象について問い、分析し、一定の見解をまとめていくには、むしろ得られるものが多かった、と考えている。二年間の委員会は、月に一度の定例会に加え、沖縄への調査や研究報告書執筆に向けた合宿での検討など、各人の問題意識や議論を毎回丁寧に交わし、委員それぞれが真摯に向き合ったものだった。

　詳細は序章以下の議論に示されることになるが、そこで展開される「『民意』を考える視点」には、こうした委員会の特徴が表れていると自負している。もちろん個々の議論に対する評価は、本書をお読みいただいた読者のみなさんの感想や意見、批判や新たな主張、といった、それ自体「民意」形成に欠かせない議論に拓かれていると考えているし、むしろそうした活発なやりとりがなされることを願ってやまない。

　最後に、この研究委員会の研究では、さまざまな方にお世話になった。とりわけ沖縄調査でお世話になったみなさんには、お忙しいなかで貴重な時間を割いていただき、示唆に富んだお話をたくさん聞かせていただいた。他にも各委員がそれぞれ研究の過程でお世話になった方が多数おられることとおもう。そのお一人ずつのお名前をあげることはさまざまな事情があり控えるが、ここで委員会としてひとことお礼を申し上げたい。本当にありがとうございました。

2020年4月

工藤宏司（「民意」研究委員会 委員長）

「民意」と政治的態度のつくられ方　もくじ

序章　「民意」という研究対象

工藤宏司

1．「民意」という対象をどのように捕捉するか

本書を読んでいただくにあたって、まず「民意」という概念の特徴について触れておきたい。「民意」概念は実はきわめてあいまいなものである。辞書的に言えば「（人）民の意志、人々の意見」となるので、いや、それは何も難しくはない、と思われる方もおられるだろうか。しかしことはそんなに簡単ではない。例をあげて説明しよう。

もっとも近い時期に「民意」という言葉が頻繁に使用された機会として、２０１９年２月24日に投開票された、沖縄県における「米軍普天間飛行場の名護市辺野古移設を問う県民投票」が思い浮かぶ。投票の結果、「反対」は有効投票の72・２％に達し、この結果だけを見れば「普天間飛行場辺野古移設には反対」が沖縄県民の「民意」ということになる。実際そのように報じた新聞やネットニュース記事をわれわれは多く目にしたはずだ。

しかし他方でこの結果について、「本当に県民の民意といえるのか？」と疑問を呈した人々もいた。彼らの多くが論拠にしたのは52・48％という投票率だ。そこから算出すれば、有資格者１１５万３５９１人のうち60万５３８５人が票を投じ、反対したのは43万４２７３人となるので、有資格者の37・６％が明確な反対を示したことになる。これをみて、それを「民意」といってもいいのか、というわけである。みなさんはどのように考えられるだろうか。

結論を言えば、代議制における選挙の結果はもちろん、直接投票で示されるこうした結果も、それが「民意」の「全て」ではない、とわれわれは考えている。「民意」について考える際の重要な論点は、この概念が日常的に使用される場面の背後に、実は広く存在しているのだ。

まずすぐに気が付くこととして、多数決は「少数派」の意見を「必ず取りこぼす」という問題がある。今回の投票で「賛成」の意思を示したのは11万４９３３人を数えるが、それを考えたとき「移設反対が沖縄県民の民意」という言い方がはたして本当にふさわしいのかどうか、というきわめて単純な問題だ。次に、投票という行動は与えられた「選択肢」の枠内での「選択」であるという問題。当初この投票では「賛成」「反対」という二択で「民意」を問おうとしており、それも理由として複数自治体の首長が不参加を表明、「どちらでもない」をいれた三択として決着を見た経緯がある。ただそれでも自身の意見をこの三択には落とし込めない、という声はあった。実際、この選択肢のあいまいさが投票率を下げたとみる評論家もおり、そこには「どれも選べない」という形で投票棄権した人がいる可能性を想起せねばならない。最後に、有資格者が誰か、という問題だ。この投票の有資格者は「平成31年2月13日時点で日本国籍を有する満18歳以上（2月14日生まれも含む）の者で、沖縄県内の一の市町村の区域内に引き続き3か月以上住所を有していたことがあり、かつ、その後も引き続き沖縄県内に住所があるもので、投票資格者名簿に登録されている方」とある。ここには18歳未満の若者は含まれないし、外国籍をもつ「住民」の意思は反映されない。つまりそもそも自身の意見表明の機会や資格を与えられていない人々が一定数存在するのである。

以上を一般的な議論にスライドさせるとこんな風にいうことができる。すなわちわれわれが自明視する「民主主義」「代議制」「多数決」などの制度下において、自身の意見表明が「できる（する）人」「しない人」そして「したくてもできない（排除されている）」人……などを想定する必要があるのではないか、ということだ。さらに「できる（する）人」の下位分類には、「したけど受け入れられなかった人」がいるだろうし、他にもさまざまな人を想定できる。

「したくでもできない人（排除されている人）」は、制度の問題であるから、その限界をふまえたうえでテクニカルに「よりよいもの」に制度を変えていこうという議論はありえるし、もちろんそれは重要な考えるべきテーマである。

しかしわれわれが選挙の場面でしばしば耳にするのは、「しない人」について「政治的な無関心」としてこれを捉える議論ではないだろうか。それはわれわれが、「投票行動」や議論での意見表明をしばしば「自由意志」の発露と捉えるからだ。それゆえ「投票に行かない人は無関心だ」「投票に行きましょう」などと疑問やしばしば批判を投げかけ、行動を促したりすることがある。しかしこの考えもいささか事態を短絡的にとらえすぎていないだろうか。

上記のような想定は、現行の政治制度や議論が交わされる空間への「信頼」をベースに、それらがあくまでも「自由意志」「自由選択」発露の場として、あるいはその結果として切り取られたものが「民意の反映」として、適切に機能している、という前提に立脚する場合にのみ成立する。それは現行の制度やシステム、もっと大きく言えば社会そのものの唯一性を前提として疑わず、行為する個人がおかれた状況の細部や多層性はフラットなものであることをも前提に、「行かない人」の「選択放棄」としてこれを非難するわけだ。しかし本当にそうなのだろうか。「舞台から降りる」ことを政治的・主体的に選択している人がいる可能性はないのか。ここにはあらかじめ捨象されている問いが存在する。

ここまでを読まれた方は、こんな風に考えられるかもしれない。なるほど現行の投票制度には問題があるかもしれない。そこにはそもそも声を聴かれない人がいるし、おそらくはそうしたことにも問題を感じて、選挙から遠ざかることを「主体的に」選択する人もいるだろう。それが昨今の低い投票率の問題の背景にあることもなんとなくわかる。だけどそうはいっても、決められたルールがあって、そのなかでみなが折り合って生活をしなければいけないのだし、そう考えたらやはり選択放棄はいただけない。

しかし、である。やはり問題はその先にある。

委員会の諮問文には「多くの人々が自分たちを苦しめているはずの諸政策をそのまま引き受けてしまうのはなぜなのか」という問題意識が語られている。そこにあるのは「意思表明をする人」の「自由意志」に対する、「それは本当にその人の自由な選択といえるのか」という疑問だ。この観点からは、上記のような「無関心」を非難する人々の「主体性」自体にも、問うべき背景があるということになる。つまりわれわれが「民意の問題」として切り出すのは、投票制度の問題だけではないし、その制度から排除されている人々が存在する問題だけでも、その制度に背を向ける人々がいることだけでもない。むしろそのなかで「主体的選択」をしている人々の「主体性」も、ここでの大きな関心なのである。そして上記のような状況を「民意」について考える際の切り口として設定し、これを「政治的態度の剥奪状況」という共通した背景をもつ問題と捉えた。そしてそれを支える原理を解析することをこの委員会のテーマとした。

2.「政治的態度の剥奪状況」という問題

この言葉をみた多くの方の頭に浮かぶのは、おそらく「できない人」が置かれている状況だろう。たとえば1.に見たのは、「自由意志」をもつ人々の集合的意志を「投票」というしくみによってくみ取ろうとする場面において起こる問題であり、そこで「意思を表明できない」ことは、まさに「政治的態度の剥奪」という概念に沿った問題に見える。しかし繰り返しになるが、問題はそこだけにあるのではない。われわれの関心は「自分たちを苦しめているはずの諸政策を多くの人々がそのまま引き受けてしまうのはなぜか」という問題だ。

わたしは先に「自由意志の発露」と書いたが、われわれの日常的な感覚としては、「自由」があれば常に適切な、われわれにとっての最善な「意思表明」が可能となる、と考えがちだ。しかし本当にそうだろうか。第3章の柳沢論文で明らかにされるように、われわれはその時「自由」が本来持っているあまりの「重さ」に耐えかねて、その行使に当たって何らかの「方向づけ」を知らず知らずのうちに求めてしまうのではないか。そのように考えると、事態はより複雑化してくる。つまりここで問われるのは、一見なにも問題がないように見える「投票した人」「自由選択をした人」たちをとりまく状況ということになるだろう。ゆえに関心の行き先のひとつは、個人の「主体的選択」を支える原理の解き明かしである。そうした人々の「主体的選択」、言い換えれば「自由な意思決定」にも、実は「外在的な原理」が潜んでいる可能性があるのではないか。だからこそ一見矛盾に見えるような「自分たちを苦しめているような選択」を彼らは行うのではないか。

つまり「政治的態度の剥奪」という問題設定が照準するのは、まず何よりも「意思表明をする人」の「主体性」そのものということになる。言い換えれば、彼らが行使している「選択」は、ある特定の状況や条件の下でのみ許されるものであるかもしれず、仮にそうであるならそこで選択をする個人がもっている「主体性」は、われわれの集合的意志としての「民意」の可能性を縮減させてしまう可能性があることになる。つまり現在の社会において、先に挙げたほとんどすべての人が「政治的態度の剥奪」状況にあるとわれわれは考えている。ただしその内実や、現われ方にはさまざまな違いがある。そしてそうである以上、それらを「みんな条件一緒だから考えないでいいし、それは自己責任だよね」で済ますことはできない。それは単なる「思考停止」だ。むしろその「違い」や相互の関連性はわれわれが問うべき論点となる。なぜならそうした人々の間にもたらされている違いへの表面的な理解が相互の分断を生んでいる状況があり、そしてその状況が、翻ってわれわれの政治への意識や行動の在り方につよい影響をもつからだ。つまりそこには循環構造がある。その総体や原理の理解こそ、本書が目指すものである。

3. 各章紹介

以上のように、本書は現代社会においてわれわれが置かれている「政治的態度の剥奪状況」について考えるものだ。それを背後で支えている原理、それを作り上げ、駆動させる社会構造上の要件、その状況下でさまざまな可能性を縮減されざるをえないわれわれの思考の具体的なありよう、そしてそれら相互の関係に焦点をあてる。以下、報告書の構成に沿って簡単な見取り図を示しておこう。

まず本書のもっとも大きな特徴といえる「意思決定をする主体」にまつわる論点に特に照準したのが、第1章の桜井論文と第2章の広瀬論文だ。

桜井論文はこの「主体性」が、特に学校教育のなかで強い価値をもって形成されてきた過程と、それが人々を統治する近代社会の原理と分かちがたく結びついていることを指摘する。「剥奪状況を剥奪とは考えない」主体形成こそがまさに「政治的態度の剥奪」のもっとも濃縮された形であるという、委員会で共有される問題意識がそこにある。それは同時に、「意思表明をする人」「しない人」「できない人」という違いを序列化し、人々の間に分断をもたらす「政治学」を支える原理の解き明かしでもある。

広瀬論文はそうした原理の具体的な現われの場として、現在の学校ならびに教員が置かれている状況に焦点をあてる。そこで中心に問われるのは「政治的中立」という概念が教員にもたらす影響だ。これが求められる背景には教員の「政治行為」にまつわる法的規制が存在するわけだが、この論文がまず明らかにするのは、法解釈において、実際の学校現場にはさまざまな「政治」の可能性があるという事実である。しかし現実には、多くの教員が「自粛」に向かう。その背景にどんな行動原理があり、それが今日の社会状況とどのようにかかわるのかが、この論文では明かされる。

両者の論に共通するのは、社会に要請された理想的主体としての「個人」を、学校という場がどのように実現しようとしてきた（している）か、という問いであり、それがどのように現に引き受けられようとしているのか、といった議論だろう。「主体的に判断し、行為する自己」がもっている「他律的側面」と、それとして認識されない仕組みとが明らかにされる。

この点をさらに原理的に、そもそもわれわれがそうした「社会的要請」をなぜ引き受けざるを得ないのか、あるいはより積極的に引き受けるのか、について明らかにしたのが第3章の柳沢論文だ。柳沢論文のキーワードは「自発的隷従」である。そこでは「自由」という状態がもつ人にとっての「重さ」と、それゆえの「隷従」への誘惑が、人という社会的存在がもつある種の宿命的前提として語られる。ただ柳沢の論は「社会から独立すべき」として、「強い個人・主体への脱皮」を目指すべきだ、という議論としては終わらない。人がたったひとりで担うには重すぎる「自由」を、人は「われわれ」としてしか引き受けられないからこそ、問われるべきはこの「われわれの地平」をどのように構築すべきか、という問いなのである。そしてその意味において「集合的意志決定」が現れる具体的場面や、その過程、それを規定する仕組みは、われわれにとってやはり大きな意味を持つといえる。

第4章の水岡論文はこの点について、民主主義社会がしばしば「集合的意志決定」の仕組みとする「多数決」に照準して考察を進める。そこでは、現在の日本の投票・議席配分のシステムを俎上にあげ、異なった「選挙制度」であれば、同じ投票結果であっても別様の議席配分がありえたことが具体的に示される。一般に政治学では、政権者に有利になるように選挙区を区割りすることをゲリマンダー（あるいはゲリマンダリング）と呼ぶが、小選挙区制における投票を議席配分に結びつける仕組み自体にもそうした側面があり、これも広く言えばゲリマンダーである。しかし水岡の議論は、現在の日本の選挙制度がもつ問題点の指摘にとどまらない。むしろこうした制度自体が常に外部性（制度外）を生みだす可能性には留意すべきであるし、３章までの議論が示すように、どのように形成されたとしても「多数派」につよい統治の論理が忍び込む可能性は常にある。そしてそれが「大衆が自ら選んだ」という事実に立脚することで正当化され、翻って人々の前に確立されたひとつの権威、すなわちエスタブリッシュメントとして現れるとき、次なる「意思決定」への強い影響因としてそれは作動することになる。

第５章の工藤論文は、「沖縄」が置かれてきた歴史性と昨今の政治をめぐる状況を手掛かりに、エスタブリッシュメントの内実とそれがもたらす思考や政治的態度の剥奪状況との関連性、すなわち循環構造に焦点をあてる。関心の出発点にあるのは、「沖縄の若者」が語る「反・反基地」という感覚である。国土の０・６％に過ぎない沖縄の地に70％もの米軍用地が集中しているという事実とそれに対する反発、そしてそれをその都度踏みにじってきた「本土」との関係の歴史をもってなお、沖縄の若者たちが「反・反基地」といわれるような感情をもつのはなぜなのか。あるいはそうした「若者」と強い主張をする年配世代との間にあるようにみえる確執について、どのようにとらえることが可能なのか。これらの考察を通じて、人々の意識や行為の間に分断をもたらす「政治」と、それが個々の「主体的な判断」の先にこそ表れている可能性が示される。

最後に、第６章の堅田論文は、制度から排除されてきた人々にとっての「政治」の存在と、それを現在の制度が前提とする「政治」へ組み込むことの必要性、およびその具体的な方法が検討されている。冒頭の例が示したように、制度は常に遂行的に外部を生みだしてしまうが、われわれの多くはこれに気づかないか、気づいても知らぬふりをする。そこにも実は大きな「政治」が存在する。堅田はそれを「声の政治」と呼んだうえで、われわれが一般に「政治」とよぶ、具体的な意思表明の機会やそれが反映されるべき制度の設計に、これまで排除されてきた人々の声を反映する具体的な方法について、従来なされた手法を批判も交えながら検討している。

（4）「政治的態度の再奪取・再構築」という問題設定にまつわる懸念

以上のような6編から本書は構成されるが、序章の最後に、こうした問題を考えていく際にわれわれが陥りがちな思考の「穴」についての懸念を再度強調しておきたい。それは「政治的態度の再奪取・再構築」によってこの問題を解消しようとする議論への懸念だ。

こうした志向性は実は学校教育においてしばしば価値を置かれる「強くて正しい自立・自律した個人」（＝近代的主体）を「正しく」構築する、という方針と相性がいい。しかし桜井論文や広瀬論文が示すのは、むしろそうした「近代主義的・学校的価値」が、事態を悪化させてしまう可能性である。簡単に言えば、現在の制度が目指す方向性に沿った洗練化は、ますます「政治的態度の剥奪」に陥るという悪循環の懸念が強い、ということだ。

わたしは長く「不登校」に悩むお子さんやその母親（ここで「母親」と書かねばならないところに日本社会の大きな構造的問題がある）の声を自分なりには聞いてきたつもりだが、そのなかではいつも、彼らを非難する声がもつ大きな「誤解」に直面する。彼らを非難する人々は口をそろえてこういう。「もっとがんばるべきだ」「逃げるべきではない」と。しかしこの声は、わたしの実感とは大きくずれる。むしろ彼らは「がんばりすぎている」人々だ。だが、しばしばそれは周囲の人の上記のような声で否定され、それでもがんばれと促され続け、ある日それにつかれて彼らは声をあげられなくなる。選ぶのは「沈黙」だ。そうして彼らは今の制度や社会に背を向ける。

もちろんこれも実際には「強い主体」であり、多くの子どもや母親は、ここまで強くもない。それでも「制度」の中で生きている、生きていかないといけない、と考えるとき、彼らは自身を否定せざるを得なくなり、ギリギリの中で自分を責め続ける。そうしてまでつながろうとする社会からそれでも否定され、自身も社会と同じ価値を内面化しているからこそ、苦しくてたまらない。そうした思考の循環から抜けられる人は実際には少ない。

ならば必要なのは、制度の「外部」にわれわれの考えとあり方をどのようにつなぐのか、という思考の転換だ。ただしそれは物理的な「外部」ではない。むしろ「制度の内と外」という区分け自体、われわれがその都度作り、維持しているものと考えることも可能だろう。つまりわれわれはこの「内と外」という設定そのものを問うことも可能なのだ。われわれがよって立つこの社会がもつ制度の「内と外」は、われわれが今の制度を自明視する限りにおける「内と外」なのであると。しかし制度は決してスタティックなものではないし、変えていけないものではない。それをわれわれが自明視し、承認し、それに依拠した思考や行為を実践することを通してその正当性は強化されているからだ。

ではこの「ループ」を止めるために何が必要だろうか。まずはわれわれが「民」の一員として、自分が感じている「しんどさ」を可視化することが重要なのではないだろうか。桜井論文の最後に示されるように、実はわれわれの生きている社会の「内」には、すでにこのループとは別の流れがあるように思える。それを「選択」するために、まずは自身の「しんどさ」を不可視化するメカニズムを捉え、その原理や機能を共有していく方途をさぐれないだろうか。自己責任を大切にして、自立的・自律的な自身であらねば、ではなく、自分が「楽になる」ことこそが求められる社会へ。そうした回路を豊饒化し、みずからが「強い主体であらねばならない」という軛から少しでも外れていく姿を見せることが、子どもたちに「楽である自分とはどんな存在か」を考えてもらうことを、その価値を伝えるのではないか。本書はその「はじめの一歩」を踏み出すための試みといえる。

第一章　自律的な「主体化」という政治的態度

―学校はいかに関わってきたか―

桜井智恵子

はじめに

「学校現場の多忙化には関心があるけれど、政治や経済に興味はあまりない。がんばっている教職員は内容がなんであれ認められるべきだ。」（教職員）

２０１９年１月、ある地方の40歳の教職員組合員と話す中で出てきた冒頭の言葉は、現代の学校と日本のリアリティを表している。教職員は学校現場でとにかくがんばるしかない。学校の多忙化に政治や社会の外在的な要因が関連しているとは考えない。困窮は自分の課題というこの論理は、多くの現役世代の市民の感覚と重なる。

本共同研究は、日本では多くの人々が自分たちを苦しめているはずの諸政策をそのまま引き受けてしまうのはなぜなのかという問題意識からスタートした。筆者は日本の市民社会の集合的メンタリティが教育化・自己責任化していることを考察してきた[1]。私たち市民が政治的な問題状況を掘り下げる問いをつくりにくいのはなぜか。

２０１８年３月31日に大阪で元文部官僚の前川喜平さんとドキュメンタリー「みんなの学校」の仕掛け人である迫川緑さん（関西テレビ）のトークライヴがあった。前川さんは「ひとりひとりのニーズにあった学びの場を用意することが、子どもの学ぶ権利を保障すること」と述べた。一方、迫川さんは「『ニーズ』という言葉が、『健常者』により近づけるように能力を身につけ、自己責任で、自立して生きるようにガンバレと追い込むことにならないか」と問うた。また、迫川さんは「ひとりひとりのニーズ」とは良かれと想定された「学び」でしかないと指摘した。すると、前川さんは文部官僚であった「30年間、それを前提にしてきたので…」と応答することができなかった。さらなる迫川さんの問い「とにかく『学習権』でしょうか。なぜ子どもを放っておいてくれないのですか？」には唖然としておられた。前川さんの立ち位置は日本型リベラルである。彼は、子どもが自立的な主体形成を行うための「ニーズ」としての学びを「学習権」の名の下に保障するという多くの民主教育関係者が立つスタンスに居る。

さて、社会理論においては「権利としての自由や平等は商品交換関係に基づいた形式的なものであり、資本主義のもとでの不自由や不平等を根本的には克服することができない」[2]と論じられている。では、「学習権」保障でいったい何がなされ、何がなされていないのであろうか。

ランシエールは近年の統治の思想を、不平等の拡大を条件の平等にすり替え、社会問題を脱政治化する新たな支配のイデオロギーという[3]。不平等の拡大を「ひとりひとりのニーズ」という条件の平等にすり替えていないか。貧困問題や特別支援、不登校の子どもの社会経済問題が「学習権」をもちいて脱政治化されていないか。

本章ではまず内閣府による子ども・若者の意識調査から日本の現状を把握し、次に主体性のつくられ方を戦後50年の日本教育政策史から把握した上で、ニコラス・ローズの論理を援用し、現代日本の国家と社会と、自律的な「主体化」の関係を検討する。

1．子ども・若者の意識

内閣府「我が国と諸外国の若者の意識に関する調査」（平成26年）[4] から13歳から29歳までの子ども・若者の意識についての傾向を把握してみよう。

（1）政治に対する関心度

Q26　あなたは，今の自国の政治にどのくらい関心がありますか。(回答は１つ)

日本の若者に政治に対する関心度を聞いたところ，50.1％が『関心がある』(「非常に関心がある」9.5％＋「どちらかといえば関心がある」40.6％）と回答している。

７か国比較で見ると，最も関心が高いのはドイツ（69.0％）で，以下，韓国（61.5％），アメリカ（59.4％），英国（55.8％），フランス（51.8％），スウェーデン（46.4％）となっている。

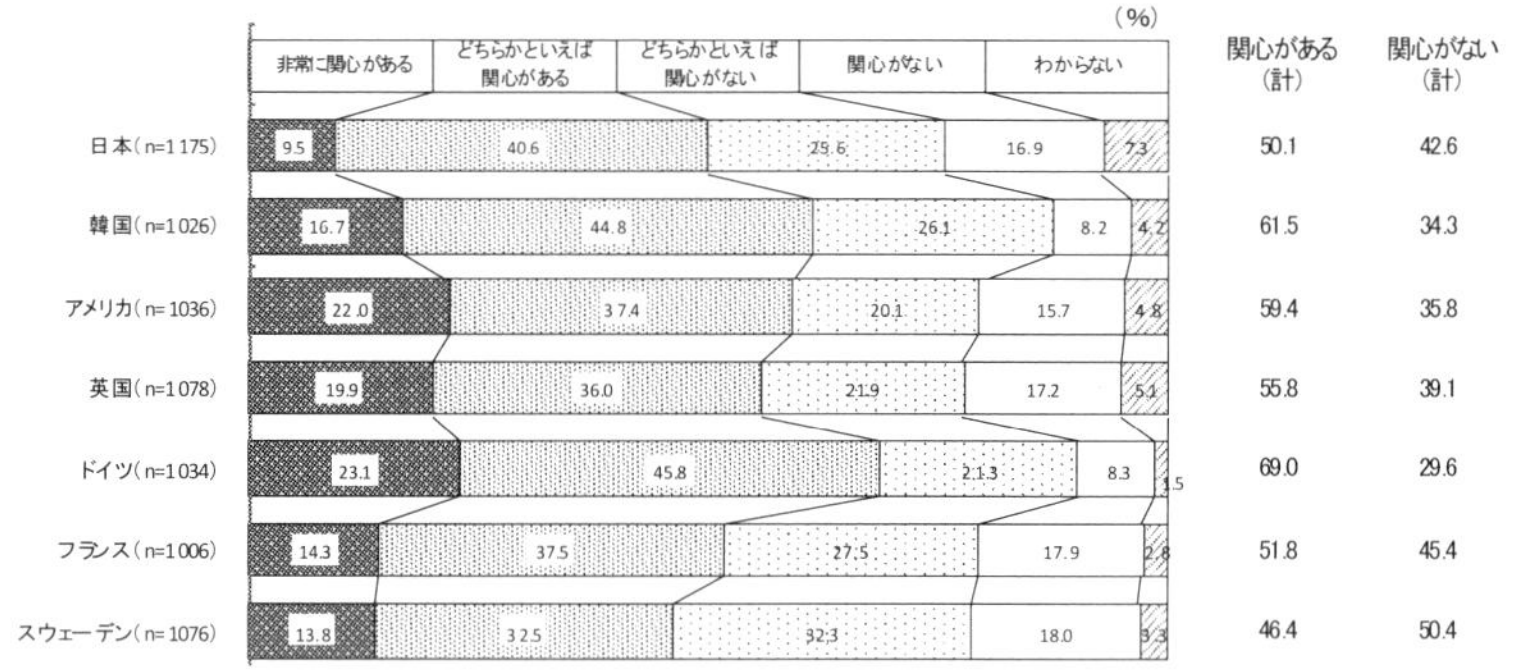

【国別】

（ａ）社会をよりよくするため，私は社会における問題に関与したい

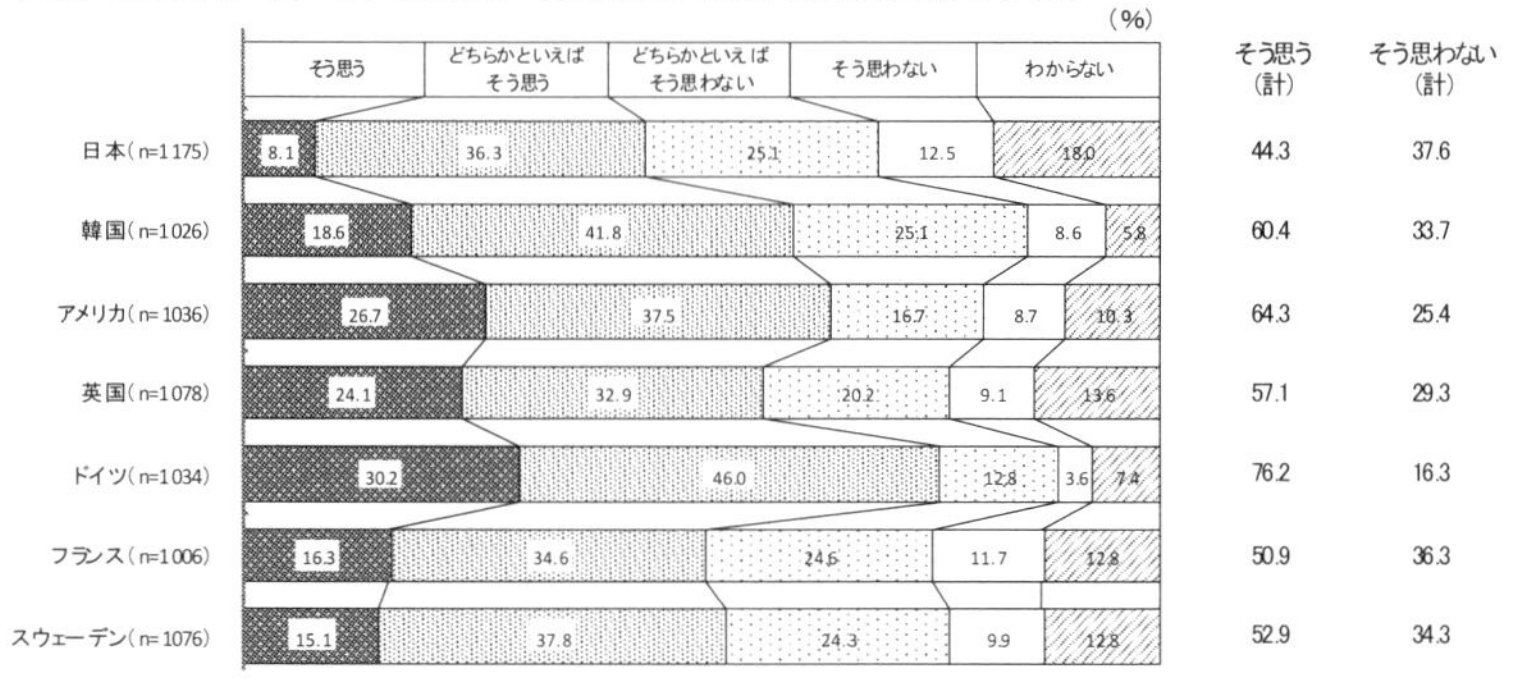

(2) 社会への満足度

Q28　あなたは，自国の社会に満足していますか，それとも不満ですか。(回答は1つ)

日本の若者に，自国の社会に対する満足度を聞いたところ，『満足』と回答したのは 31.5%（「満足」2.8%＋「どちらかといえば満足」28.7%）である。

7か国比較で見ると，『満足』の割合が最も高いのはドイツ（72.1%）で，以下，スウェーデン（56.9%），英国（54.7%），アメリカ（44.6%），韓国（35.1%），フランス（31.3%）となっている。

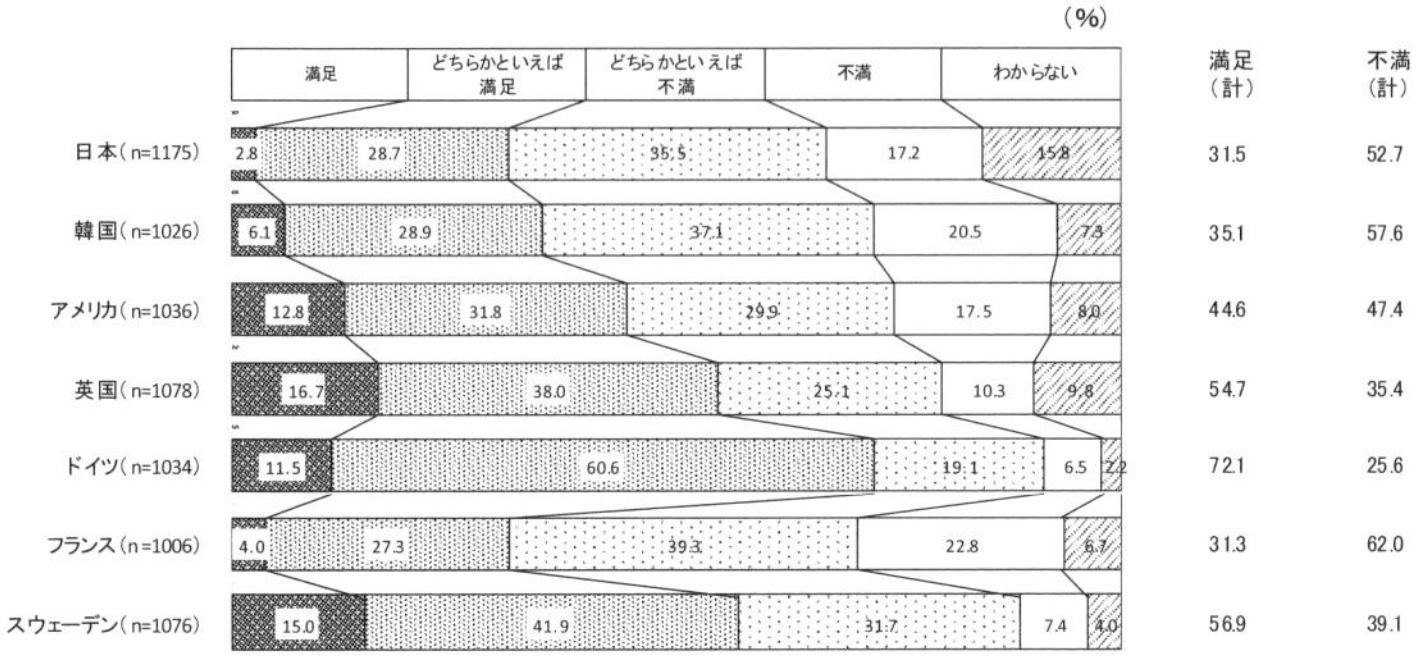

Q29　自国の将来は明るいと思いますか。(回答は1つ)

自国の将来は『明るい』と考える日本の若者は，28.8%（「明るい」2.6%＋「どちらかといえば明るい」26.1%）にとどまっており，『暗い』が過半数（「暗い」16.0%＋「どちらかといえば暗い」38.2%）を占めている。

7か国比較で見ると，『明るい』との回答割合が最も高いのはスウェーデン（67.8%）で，以下，ドイツ（66.3%），英国（59.6%），アメリカ（57.0%），韓国（43.1%），フランス（36.0%）の順である。

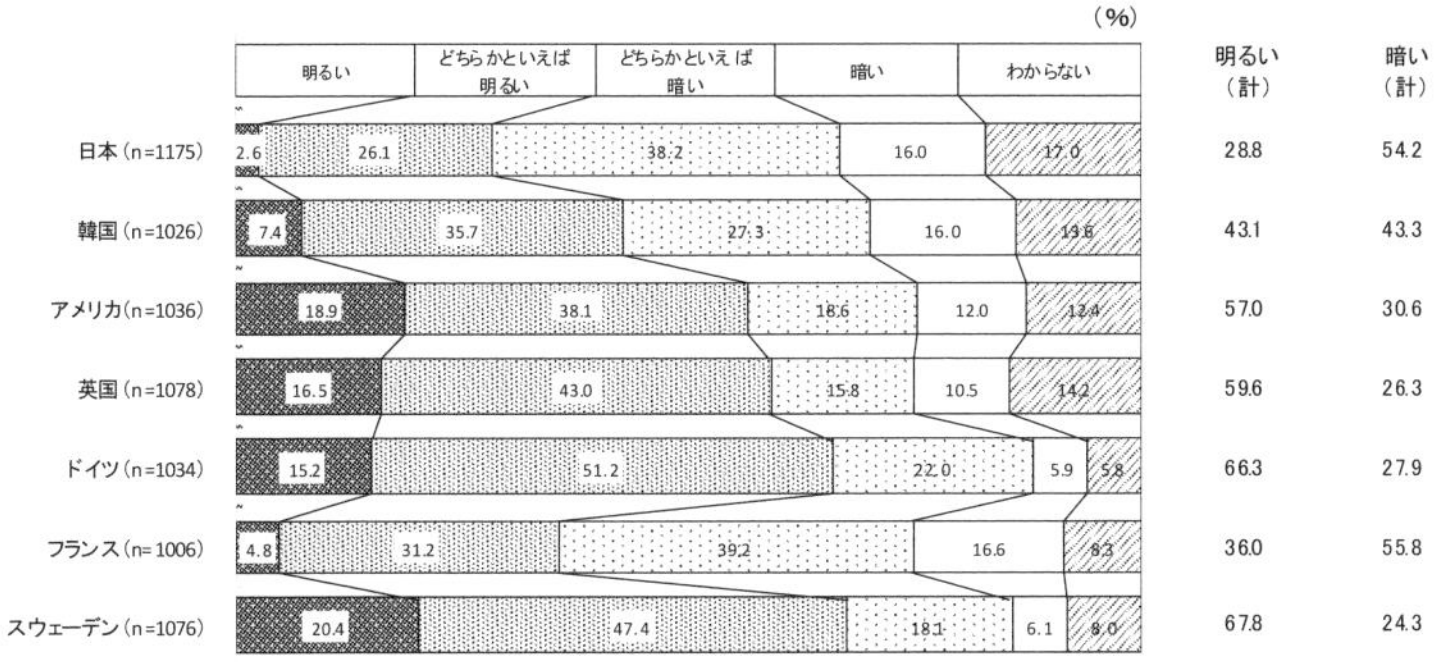

これらの国際比較から以下のことが分かる。日本の若者は、自分の国への「満足度」は低いが「政治への関心」も低く、自国の将来を最も暗いと思っているが「社会における問題に関与したい」という意識も最も低い。

果たして、そのような意識はどのように成立したのであろうか。分析にとりかかる前に、2000年前後に生まれた若者の声も一部紹介しよう。小中学校時代を振り返りつつ語られたものである。

（3）大学生たちの声[5]

◇「仏デモの話を聞いて日本では普通のことが仏ではデモになるほど重要なことで驚いたとともに、あたり前のことをもっと改めて考えるべきなんだなと思いました。両親もこれはやっときとか、この学校に行っときとかよく言っていました。私も親の言ってた学校に高校も大学も行っているので、もっと自分の将来をじっくり考えた上でそれに合った学校を選んだ方が良かったのかと思いました。」

◇「中学の頃、黙って掃除するルールがあり、喋ったら怒られるという思い出があります。当時はルールは守らないといけないと思っていたし、疑問もなかったけど、今思えば、みんなで協力してコミュニケーションをとりながら掃除をした方が子どもにとって良い影響を与えられると思います。」

◇「無言清掃、私もしていました。声ださないと『ここはいて』とか『ちりとりして』とか言えないから逆に時間がかかってしまったり大変だった。掃除の時くらいしゃべってもいいのではないか。同調圧力もたくさんあった。まわりの人とちがうことをしたらからかわれる、自分がいじめられると思ってしまい、行動を起こすことができないことが多かった。」

◇「学校生活は変な教育だったと思いました。授業中の発表の仕方は少し宗教っぽかったと思います。自分が子どもと関わる時、信頼や安心感を築けるようにしたい。」

以上の若者の意見から見てとれることは次のような点である。教員や保護者の指示に従うことが一定共有されていること。学校教育が統制・統治として機能していること。さきほどの国際比較と重ねてみると、現状に不満を感じても、統治された心身でいかに社会の問題解決に参加したらよいかの経験や知が奪われている。「自主・自律」や「主体性」を標榜する学校が、なぜ子どもの統治に強く傾いているのであろうか。

2. 主体性のつくられ方～戦後教育政策史にみる「主体性」

日本の戦後教育政策では一貫して「主体性」はスター扱いであった。戦後50年間の「自主・自律」「主体性」を中心とした政策の流れをみておこう[6]。

第２次世界大戦後の１９４５（昭和20）年10月９日には、幣原喜重郎を主班とする内閣が成立し、その直後にマッカーサー連合国軍最高指令官より、憲法改正や学校教育の自由主義化が指示された。それを受けて幣原内閣は「個性の完成」と「国家社会への奉仕」の二つを基本方針とする教育制度の樹立を掲げた。「個性の完成」は基本的人権を尊重する個人主義的教育観の確立を期するもので、明治期以来伝承されてきた皇道思想に基づく超国家主義的教育観が修正される契機となりうると考えられた。

表：戦後50年間の教育政策における「主体性」に関わる内容（桜井作成）[7]

年	教育政策・事項	「主体性」に関わる内容
1945年（昭和20）	幣原内閣成立後、マッカーサー連合国軍最高司令官より憲法改正や学校教育の自由主義化が指示	「個性の完成」と「国家社会への奉仕」の二つを基本方針に教育改革
	教育基本法準備段階で米国教育使節団協力のための日本側教育委員会は教育詔書の下暢を望む	教育理念の中に「自主的精神」を加えることを求めた
1947年（昭和22）	米国教育使節団報告書に絞いて、教育基本法・学校教育法が公布され、戦後改革は制度的に確立	教育基本法も、学校教育法でも「自主的精神」が両法の重要な柱
1962年（昭和37）	文部省調査局、教育白書『日本の成長と教育－教育の展開と経済の発達』を発行	「主体性の確立」は重要な政策課題
1966年（昭和41）	中央教育審議会答申「後期中等教育の拡充整備について」の「別記」	「期待される人間像」「強い意志をもった自主独立の個人であることなどは、教育の目標」
1969年（昭和44）	「わが国の教育発展の分析評価と今後の検討課題」中間報告	「主体的な人格」がキーワードのひとつ
1971年（昭和46）	中央教育審議会答申「今後における学校教育の総合的な拡充整備のための基本施策について」（「四六答申」）	「主体としての人間のあり方があらためて問われ、教育の役割がますます重要」
1975年（昭和50）	教育課程審議会中間まとめ「教育課程の基準の改善に関する基本方針について」改善のねらい	「自ら考える力」「自律的な精神」が理念の中で強調
1981年（昭和56）	中央教育審議会答申「生涯教育について」	「教育は、人間がその生涯を通じて資質・能力を伸ばし、主体的な成長・発達を続けていく上で重要な役割」
1987年（昭和62）	臨時教育審議会最終答申	「個人の尊厳、個性の尊重、自由・自律、自己責任の原則」
1989年（平成元）	幼稚園・小学校・中学校・高等学校の学習指導要領が同時に改訂	「自ら学ぶ意欲と社会の変化に主体的に対応できる能力の育成」
1991年（平成３）	中央教育審議会答申「新しい時代に対応する教育の諸制度の改革について」	「自ら考え、判断させる教育」
1996年（平成８）	中央教育審議会第一次答申「21世紀を展望した我が国の教育の在り方について」	「自分の生き方を主体的に考える態度を育てる」

この時期、教育基本法制定の準備段階として教育勅語の処理問題が提起された。その論議を行ったアメリカ教育使節団に協力するために設けられた日本教育家の委員会では、教育勅語に関する意見を次のように報告した。「従来の教育勅語は天地の公道を示したものとして決して謬りはあらざるも、時勢の推移に連れ国民今後の精神生活の指針たるに適せざるものあるにつき更めて平和主義による新日本建設の根幹と成るべき国民教育の新方針並びに国民の精神生活の新方向を明示したまふ如き詔書をたまわり度きこと」と述べ、「その主調として、1人間性（この完成と相互尊重、寛容協和のこころ、宗教的情操等）、2　自主的精神（自発創意的生活態度等々）（中略）等の諸精神を重んぜられ度きこと」と希望した[8]。日本教育家の委員会は教育詔書がもう一度下賜されることを望んでいたのであり、その教育理念の中に「自主的精神」を加えることを求めていた。

戦後の教育方針を確定したのは米国教育使節団報告書（第1次）である。米国教育使節団は、日本の教育改革について報告書を作成し、連合国最高司令官に提出した（1946年3月31日提出、同年4月7日公表）。報告書「第1章　日本の教育の目的及び内容」では、教育の目的、カリキュラム、学科課程、教授法そして教科書の問題を取り上げ、国家主義から個人主義への転換を説いた。民主主義は、「個人の自立」を前提としてこそ成立すると捉えたからである[9]。

米国教育使節団報告書に続いて、教育基本法・学校教育法（1947年3月31日）が公布され、戦後改革は制度的に確立されることになった。教育基本法が理念とした人間形成を同法の最重要項目である第1条「教育の目的」にも「教育は（中略）自主的精神に充ちた心身ともに健康な国民の育成を期して行われなければならない」と記された。また、学校教育法第18条では、設定した8項目の目標の最重要項目が以下である。「1　学校内外の社会生活の経験に基き、人間相互の関係について、正しい理解と共同、自主及び自律の精神を養うこと」。教育基本法も学校教育法でも「自主的精神」の育成が両法の重要な柱になっている。とりわけ注目すべきは「自主的精神」が、児童中心主義とナショナリズムの「両輪」に支えられ、その後の歴史を歩んだことである。

文部省調査局が１９６２（昭和37）年11月５日に教育白書『日本の成長と教育――教育の展開と経済の発達』を発行している。そこで提案された「人的能力開発政策」の課題の第１は「変革すべき価値観」すなわち、近代意識確立の問題が取り上げられた。第２の政策課題は「技術革新と人間の主体性の問題」であった[10]。

従来の日本では、職業と私生活がはっきり分けられないような環境や意識が支配的で、職場のモラルもその中で維持される面が強かった。今後は「職業生活がきわめて合理的な規律」で進められ、新たなモラルが必要とされる。「旧来の価値観の墨守から脱却し、新しい工業化に適応できる精神的能力を有するか否か」が今後の日本の高度経済成長の鍵であり、それゆえ「主体性の確立」は重要な政策課題であった。

戦後のグループ中心主義は経済の安定において大きな役割を果たしてきた。品質を向上し、ひたすら先進諸国の技術を学びとり、日本の産業は１９７０年代後半までには大発展を遂げた。１９４９年より発足した新制大学は、工学部を中心に大躍進した。高等教育における工学部系の学生が理科系に比べて２倍弱から６倍に増加していることも、技術者の養成を必要としたことを示している。また４年生の大学への進学者が18歳人口に占める割合は１９５４年には５％であったが、１９９４年には30％に達している[11]。これら技術者達に要求されたことは、グループの一員として協力して「主体的」に技術導入を行うことであった。そこでは、独創性を持つことは、むしろ抑制されていた。

１９７１（昭和46）年の中央教育審議会答申は、特にその前文で、国家・社会の未来をかけた「第３の教育改革」に真剣に取り組む時がきたと強調している。第３の教育改革とは、いわゆる「四六答申」（昭和46年6月11日に坂田文部大臣に答申）のことであり、明治維新の教育改革、第2次世界大戦後の教育改革の2つの激動期の抜本的な教育改革に対比されるべき改革を意味している[12]。四六答申の第一段階の審議を終え、１９６９（昭和44）年6月30日に「わが国の教育発展の分析評価と今後の検討課題」として文部大臣に中間報告が提出された。その検討課題は次のようであった。創造性の開発、主体的人格の育成を第1の課題とし、創造性・能力開発のために、教育内容の多様化・能力別指導、教育課程の一貫性とコース分け、そして生涯教育が考えられた。

注目すべき教育課程・内容関係をあげると、「(1)教育の質的な改善のため、次のような要請について検討すること。(a)知識・技術の単なる習得にとどまらず進んで創造性の開発をはかるとともに、人間が精神的、身体的に調和のとれた発達をとげ、個人的にも社会的にもまた国民として望ましい主体的な人格として育成されるように努めること」となっている。ここでも、「主体的な人格」がキーワードとなった。

臨時教育審議会（以下、臨教審という）は、新保守主義の観点から多くの提言を行った。臨教審第1次答申、１９８５（昭和60）年6月26日、では、欧米先進国行革からの科学・技術・制度の導入は、「効率性を重視し、全体として見れば、その内容、方法などに置いて、画一的なものにならざるをえなかった」とマイナス面増大の原因を指摘した。臨教審第4次答申（最終答申）、１９８７（昭和62）年8月7日では、教育改革の視点として、「個性重視の原則」が採用された。「本審議会は、21世紀のための教育の目標の実現に向けて、教育の現状を踏まえ、時代の進展に対応し得る教育の改革を推進するための基本的な考え方として、以下のように考えた。このうち、『個性重視の原則』は今次教育改革で最も重視されなければならない基本的な原則とした」。それは、従来の教育の「根深い病弊である画一性、硬直性、閉鎖性を打破して、個人の尊厳、個性の尊重、自由・自律、自己責任の原則」を確立しなければならないという理由によった。ここでいわれたところの「自由・自律」の精神は、「自ら思考し、判断し、決断し、責任をとることのできる主体的能力、意欲、態度等を総括」したものである[13]。その自由主義的な教育観は、平等を保障する近代的な国民教育とは対極にあり、学校からの子どもの解放を約束するもののように受け取られた。

　臨教審に平行して行われた中央教育審議会の教育内容等小委員会の報告は、臨教審の設置以前に出されており、実際は、臨教審での教育内容関係の審議の下敷きとなったものである[14]。「今後特に重視されなければならない視点」として第1項目に「『自己教育力』の育成」があげられた。「自己教育力とは、主体的に学ぶ意志、態度、能力などをいう」。第2の「基礎・基本の徹底」では「自己抑制心に裏付けられた自主性の涵養」への配慮が記されている[15]。１９８７（昭和62）年11月28日に教育課程審議会は「審議のまとめ」を発表し、同年12月24日に「最終答申」の「幼稚園、小学校、中学校及び高等学校の教育課程の基準の改善について」を出した。この中の「1　教育課程の基準の改善のねらい」の2項目では、「自ら学ぶ意欲と社会の変化に主体的に対応できる能力の育成を重視すること」が入れられた。

　中央教育審議会、臨時教育審議会そして教育課程審議会答申により、教育課程改善のねらいは、次の4点とされた。(1)心豊かな人間の育成　(2)自己教育力の育成　(3)基礎、基本の重視と個性教育の推進　(4)文化と伝統の尊重と国際理解の推進、という4項目である。文部省は、それぞれの項目に即した教育課程編成の特徴についてまとめているが、(1)に対応しては、次のように述べている。「幼稚園、小学校、中学校、高等学校に置いて、自主的、主体的に学習や生活する力を育てる教育の促進」[16]。

　これらの答申を受け、１９８９（平成元）年3月15日、幼稚園から小学校・中学校・高等学校までの学習指導要領が同時に改訂された。ここにきて、政策上の「主体性」は「主体的な学習」としばしば重ねて使用されるようになった。

１９９０年代に入って、事務労働よりもむしろ独創性への需要が高まった。これが新たな「主体性」重視の傾向に拍車をかけた。しかし、機会均等や平等重視の場で「主体性」が注目されても、それは自由競争や自由な出世という掟に縛られ、一般社会の規準に合わせることにならざるをえない。したがって教育政策における「主体性」という言葉は、個人的なものになり得ない。

以上、日本における戦後50年ほどの政策上の子どもの「主体性」といった文言について概観してきた。教育政策において一貫して「主体性の育成」が主張され続けており、政策上の「主体性」は時代の変化に主体的に対応できる能力を意味していた。政策上の主体性論では「国家を担う子どもの『主体性』」が注目されていたのである。

とりわけ、１９８０年代以降の公教育再編の状況は、総合安全保障体制と結びついた第二臨調、行政改革による国家体制の再編とのつながり、産・軍・学の新しい秩序の戦略的形成[17]であった。「臨教審」による教育改革の展開は、新自由主義政策による国家戦略としての「自由化」という構図をつくりあげ[18]、その中で「主体性」は殊の外、重要であったのだ[19]。メッザードラは言う。「『ネオリベラルな政治的理性』が、そのガバナンスの諸戦略の対象となった主体を…『自律的なアクター』としてみなす」[20]。

それでは、これ以降の「主体性」の分析については、社会思想の議論を参照軸にしよう。

３．新自由主義の中核としての教育

ミシェル・フーコー（仏：１９２６—８４）は、社会をおおう言説が個人の認識や行動に与える影響力も権力と捉えた。それらは、人の「主体」にはどんなふうに影響を与えるのであろうか。フーコーに影響を受け「主体性の系譜学」の研究を行っているニコラス・ローズ（英：１９４７―）からその構造を学んでおこう。

ローズは「主体性の承認の名の下に、より深い服従が生み出される」[21]という。彼は「主体性」のつくられ方を明かし「服従」を指摘する。19世紀以降、近代社会は国家の統治の仕方を経験してきた。政治の中枢からの期待を、振る舞いが形成される場（たとえば学校）に接続するというように、統治の型が新しくなった。「自律と自己実現」の価値が称賛される西洋的な生活の型において、現代の「自己の制度」はアイデンティティ・選択・自律・自己実現という価値の周囲に組織されたものとなっている。近代の統治の型は、経済的および道徳的コストが重視され、政治的戦略を下支えするにもかかわらず、社会国家という理想は拒否される。

その上で「その中で生きることのできる能力を持った人びとを創り出す、新しい種類の〔アクティベーション＝就労支援型〕福祉国家を要請する」[22]。学問諸領域と専門知は『統治可能な諸主体』を構成する上で鍵となる役割」となり、学問分野が「自律しがんばるアクティベートな主体」を構成する大きな役割を果たす。

この論理では、市民が健康、福祉、安全、相互扶助に対する責任を国家に委ねるのではなく「自己実現」の名のもと、みずからの振る舞いに責任を持つことが求められるようになった。政治的権力の現代的な型は、人間存在を自由主義や民主主義の原理と矛盾しないかたちで統治することを可能にし、重要な役割を果たしてきた[23]。

学校教育は、社会化や道徳化のための企てとして機能し、教育が「シティズンシップ」への意欲を育む手段となった。それゆえ、学校文化や学校的な価値観に馴染まない子どもが産み出された[24]。すなわち、近代には自己を重視するよう仕向けられ、自律的に自分をコントロールする主体化、「自律的な『主体化』」が新しい統治の型として導入された。そこで、教育は大きな役割を果たした。いわば「自立するための自律」（自律 for 自立）という構えである。

教育はその誕生以来、当該共同体にとって望ましいとされる「主体」を創り出すことを目指してきた。新自由主義時代の「『第三の道』と呼ばれる政策パッケージの中核にあったものこそ、教育と参加型民主主義であった。」[25]新自由主義は、教育の否定ではなく、その論理を重視する政策パッケージであった。前章でみた日本の教育政策はその論理を先取りしていた。「主体性」重視の教育は、子どもの権利を尊重する児童中心主義とナショナリズムの両輪に支えられ、展開してきたからである。運動側としては「教育を守る」や「豊かな教育」という方法で向き合ってきたのは時代の誤読であった。

教育が自らの接合対象として社会保障制度を見出したとき、さらに重大な帰結を生み出した。「社会保障の〈教育〉化では、実際に自律的・自立的に選択できる主体を作ること以上に、自律的・自立的な主体であるかのような表象を生み出し、引き受けさせることが重要」[26]であった。福祉分野では「ワークフェア」「アクティベーション」という言葉は、生産的でなければならないという国家戦略である。自分ががんばらなければならないという自律的な主体という表象は、社会を統治することなく、個人・家族・組織を統治する、分断を前提とした新しい支配の型とも言える。

学校現場では「主体的な学び」が注目され、新学習指導要領にも入った（平成29年3月31日改訂）。しかしながら、自律的な主体化が進行し、それに伴い排除も生まれる。日本の若者や市民が現状の社会に反論せず、対抗思想が低迷する大きな理由に、自律的な主体化を育ててきた教育による近代教育プロジェクトがある。

4．公教育の現在～地毛証明書の聞き取り調査から

後の工藤論文で詳しく分析されるが、沖縄調査では、人々が基地か生活保障かの選択に落とし込まれている状況が浮き彫りになった。生活が厳しいから、あるいは未来が不安だから現在の選択に落とし込まれているという構造は、全国的に見受けられる。自律的な主体化により、生活が厳しく未来が不安だからより勤勉に働き、勤勉でないものを批判・排除するというアクティベーションに引き寄せられている。

自律的な主体化について、那覇での学校と生徒の調査がある。琉球新報は、もともと髪の色が薄かったり、癖があったりする生徒が、生まれつきのものであることを証明するための「地毛証明書」に関する聞き取り調査を２０１７年12月に行った。県立高校全60校のうち52校（86・7％）が地毛証明書を生徒に提出させていた[27]。

証明書を求める理由として学校側は「染髪やパーマだと誤解して、地毛の生徒に不要な生徒指導をすることを避けるため」と説明している。染髪禁止の理由は「社会が求める高

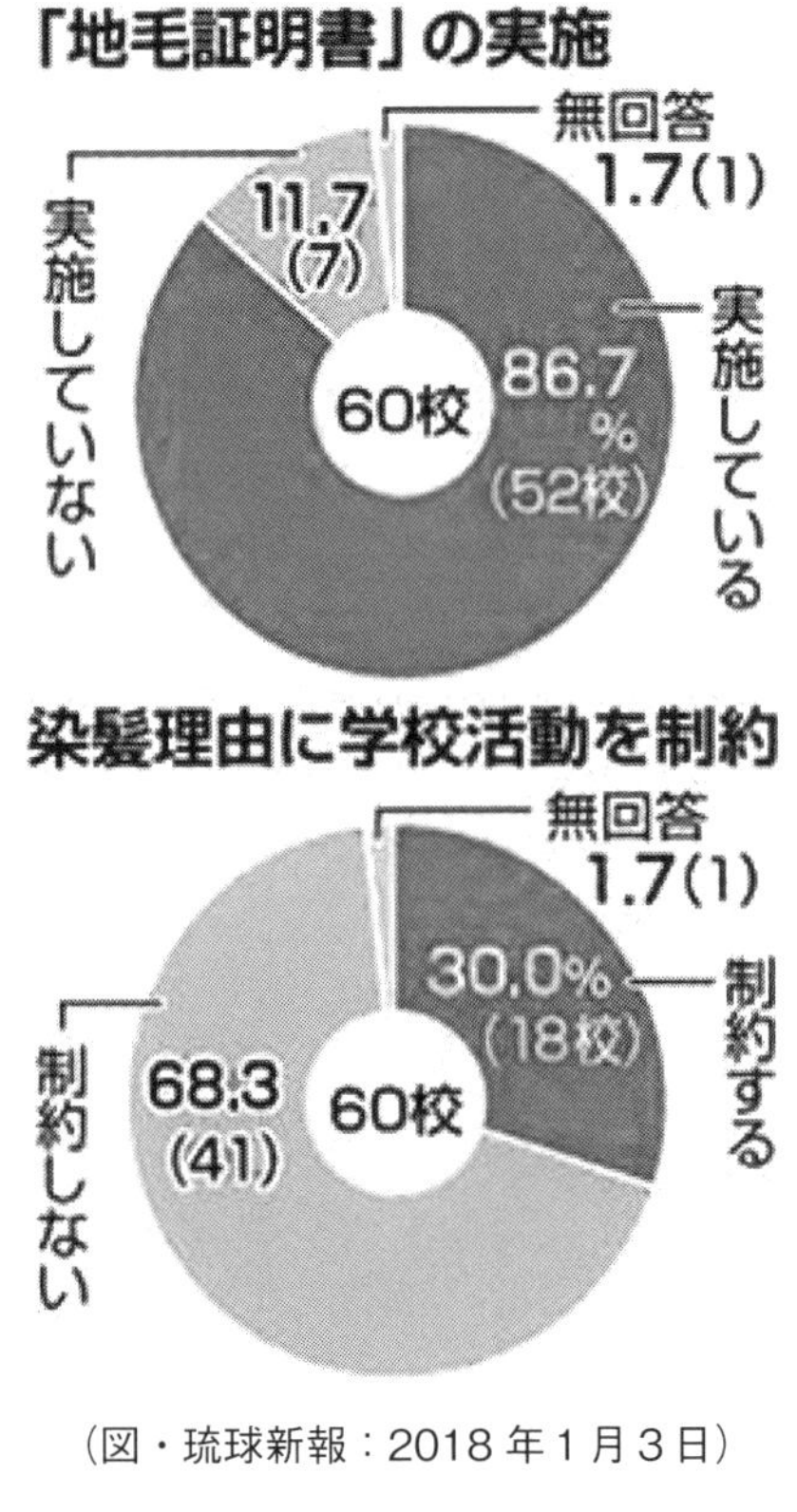

（図・琉球新報：2018 年１月３日）

校生像に反している」「学習活動に集中するため」「ルールだから」という回答が多かった。

違反した場合、猶予期間を決め黒く染め直してくるよう指導する。染めた色を戻さなかった場合「帰宅指導」として教室に入れない、式典に参加させないなど学校活動への参加を制限すると答えた学校が18校（30・0％）あった。17校（28・3％）は髪を染めて卒業式に来た生徒はその場で黒いスプレーで染め直させていた。

地毛証明書で「生まれつき」を証明するため、46校は保護者の面談や署名、16校は幼少時の写真提出を求めた。地毛を確認する背景には染髪を厳しく禁止する校則がある。「生徒はすでに社会人として働いており指導は不必要」とした定時制1校を除き、回答した全校が校則で染髪を禁止していた[28]。

私たちが校則と呼ぶものの中には、それが規則であるゆえに従わねばならぬという権威が伴う。琉球新報の調査によると、東京の都立高校では約6割が地毛証明書の提出を求めており、沖縄の地毛証明を求める比率はとても高い。那覇市内の高校生１００名の聞き取り調査では、地毛証明書を認める者は50％で、そのうち半分は「しょうがない」という声が聞かれた。

琉球放送アナウンサーの狩俣倫太郎氏は「日本の学校は従順な生徒づくりに成功している」と「教育特別番組・どうなってるのブラック校則?」（２０１９年1月13日）で、調査を行った琉球放送記者とのやりとりで述べている。

当番組には筆者も参加し、本稿で整理した教育政策と現場・市民社会が呼応しあう「自律的な『主体化』＝魂の統治」について話した。また、２０１７年、大阪の府立高校で生まれつき茶色っぽい髪を黒く染めるよう教諭らに強要され、不登校になった女子生徒が府に損害賠償を求める裁判を起こした案件をめぐって、府立高校管理職たちから得た証言も説明をした。

大阪は２０１２（平成24）年に「大阪府立学校条例」を公布している。その第二条2に以下の条文がある。「入学を志願する者の数が三年連続して定員に満たない高等学校で、その後も改善する見込みがないと認められるものは、再編整備の対象とする」。管理職たちはこれを「スリー・ストライク・アウト」と隠語で呼び警戒している。これは１９９０年代に米国で成立した州法である三振法をなぞったものである。本法がある州では、厳罰化の排除的スタンスへの批判も多く、現在、州法の緩和や改正がなされている。

大阪府立学校条例成立以降、大阪で定員割れを起こした府立高校は統廃合のリスクを背負い、地域の目に配慮し、校則をより厳罰化して生徒に運用するようになり、身だしなみの厳しい管理と連動していると管理職たちは証言した。

そもそも、髪染めやパーマ禁止という校則はすでに１９７０年代には見られる。校内暴力・管理主義批判の時代を経て、近年、髪を染めることが全世代で広がる中、アカウンタビリティとしての「地毛証明書」が２０００年代以降拡大した。子どもや親の生活や労働の厳しさの中で、身だしなみの管理を強めることは、問題は何かという社会の争点を潜在化させている。

５．おわりに

開発主義が新自由主義を通しより前面に出てきたことにより、市民の分断が世界的な潮流になっている。配分システムで改善しきれない「経済」を占有する権力関係という問題が私たちにつきつけられるようになってきている。

２０１１年、市民たちが立ち上がったオキュパイ・ウォール・ストリートをきっかけのひとつとして、労働運動、フェミニズム運動などの運動が連帯して、資本主義のシステム自体を問う動きが世界中で勃発している。生徒たちによる学校ストライキも拡大し、２０１９年9月20日には１８５ヵ国で七六〇万人以上が参加した。日本はその世界の動きの中で立ち遅れている。

本研究委員会の問題意識であった、多くの人々が自分たちを苦しめているはずの諸政策をそのまま引き受けてしまい、問題状況を掘り下げる問いをつくることができないのはなぜなのかという問いに対して、研究の成果として次のように答えることができる。

歴史と理論を用い考察してきたように、教育システムを通して人々は統治されていること。苦しめているのは諸政策だけではなく、自分の力不足と考える自律的な主体化が深く内面化されていること。

人々が意識を変えようとしても、自分の職場や所属する集団が自律的な主体化を前提とする空間であるならば、多くの現役世代の感覚が書き換えられることは難しい。日本の市民の自律的な主体化は、政策転換によっては解決できない問題領域として存在しており、その存在を意識することが学校や教育に関わる者には極めて重要である。

いっぽうで世界に目をやれば、組織されない普通の人々があちこちで声をあげ、現システムが問われ、破綻し変容していく世界のプロセスに今私たちは立ち合っている。

1 桜井智恵子「『支援』という包摂―自己責任への主体化」『at プラス』30号、２０１６年、「『自立した個人』という福祉国家の原理的課題―『子どもの貧困』対策としてのワークフェア子ども版：学習支援を問う」『人間福祉学研究』第10巻1号、関西学院大学人間福祉研究科　２０１７年、など。

2 斎藤幸平「革命と民主主義　マルクス対ポスト・マルクス主義」『ニュクス』第5号、２０１８年、２６５頁。

3 ジャック・ランシエール『民主主義への憎悪』インスクリプト、２００８年。

4 本調査の調査対象国は日本、韓国、アメリカ、英国、ドイツ、フランス、スウェーデンの７か国で調査対象者は満13歳から満29歳までの男女、２０１３年11月から12月までの間に実施。調査方法は１、０００サンプル回収を原則としてＷＥＢ調査を実施。各国の統計データに基づく人口構成比より性別、年齢区分別に標本数を割当てた。各国とも地域区分を設け、地域別の人口構成比に応じた割当数も設定した。

5 授業中のシートから抜粋。（桜井担当「子どもと権利」関西学院大学１―４年、２０１８年４―５月）。

6 桜井智恵子「『自己責任』が招く疎外―教育政策の現実」拙著『市民社会の家庭教育』信山社、２００５年より引用。

7 同右

8 「米国教育使節団に協力すべき日本側教育委員会の報告書　第二編　意見」、中島太郎『戦後日本教育制度成立史』１９７０年所収。

9 『近代日本制度史料』第18巻、５２０頁。

10 文部省調査局『教育白書　日本の成長と教育―教育の展開と経済の発達』１９６２年。

11 有馬朗人「個人と集団」『戦後を語る』岩波書店、１９９５年。

12 文部省『教育改革のための基本的施策』１９７１（昭和46）年８月１日。

13 大蔵省印刷局『教育改革に関する答申（第一次～第四次）』１９８８年。

14 水原克敏『現代日本の教育課程改革』１９９２年。

15 中央教育審議会教育内容等小委員会「審議経過報告」細谷俊夫ほか編『新教育学大辞典』第７巻、１９９０年。

16 福島忠彦（文部省中学校課長）「新学習指導要領の意義と運用」『季刊　教育法』第82号、１９９０年秋期号。

17 岡村達雄『現代公教育論―再編と変革への視座』社会評論社、１９８２年、54頁。

18 岡村達雄「自由と共生の現在をめぐって」岡村達雄・尾崎ムゲン編『学校という交差点』インパクト出版会、１９９４年、13頁。

19 桜井智恵子「公教育における『多様化』という問題――１９８０―90年代岡村達雄の『養護学校義務化』・『不登校

政策』論をてがかりに」『教育と文化』第91号に詳しい。

20 サンドロ・メッザードラ『逃走の権利』人文書院、２０１５年、３００頁。

21 ニコラス・ローズ『魂を統治する―私的な自己の形成』堀内進之介・神代健彦訳、以文社、２０１６年、３９３頁。

22 同右、27―28頁

23 同右、４頁。

24 同右、３１６頁。

25 仁平典宏「〈シティズンシップ/教育〉の欲望を組みかえる〉―拡散する〈教育〉と空洞化する社会権」広田照幸編『自由への問い５　教育』岩波書店、２００９年、１８３頁。

26 同右、１８７頁。

27 琉球新報「社説」２０１８年1月11日。調査は12月、全60校に電話で聞き取りをして行った。１校は担当者が不在で回答しなかった。

28 「女性自身」https://jisin.jp/region/1598330/（２０１９年10月４日最終閲覧）

第二章　学校の「自由」を開く

―教育の「政治的中立性」確保の誤解を解いて―

広瀬義徳

1. はじめに

学校における政治教育については、１９５０年代以来の長い「凍結」期間を経て、昨今その再構築の必要性が一部で唱えられている。しかし、本章で述べるように、今の学校は政治的なものの可能性が縮減される状況に置かれており、それと学校・教育の「政治的中立性」確保に関する誤解が連動して、より一層の「自由」喪失が進行しているように思われる。この窮状を打破していくには、ただ政治教育の活性化を図れば良いというわけではない。学校を取り巻く社会状況の変化を構造的に対象化するとともに、学校における教育の「政治的中立性」確保に関する誤解を解いて、学校と社会をめぐる「政治」を開くことが必要である。

2. 政治教育の「凍結」から「氷解」へ？

占領期に教育基本法（昭和二十二年法律第二十五号）が制定されて以降、１９５０年代に、いわゆる教育二法、すなわち「教育公務員特例法の一部を改正する法律」（昭和二十九年法律第百五十六号）および「義務教育諸学校における教育の政治的中立の確保に関する臨時措置法」（昭和二十九年法律第百五十七号)、そして地教行法に、加えて義務標準法・高校標準法等の制定により、「教育当事者間の関係を非政治的に調整するメカニズム」が形成され、持続してきたという(小玉・荻原・村上、２０１６)。

これは一般に「政治の季節」と呼ばれる１９５０年代に、教育の世界ではかえって「脱政治化」が進行したことを意味すると理解されている。１９４０年代末より始まる世界の冷戦体制を受けて、国内的にも自社対立を軸とする55年体制が出来上がる中での動きである。しかし、失念してはならないが、このような機能的に集権的な教育行政秩序が確立するには、勤評闘争において教員管理の強化を帰結した教員組合に対する与党サイドからの「政治的」攻略があった。上記のような「非政治的な関係調整メカニズム」は、その意味で戦後教育の人と財をめぐる政治的妥協によって構築されたものであり、イデオロギー面の対立が消えたわけではない。

社会構造的な面では、日本は１９５０年代半ばから１９７０年代までの高度経済成長を企業中心社会の形成によって成し遂げた。オイルショック後の１９８０年代でも減量経営・合理化によって企業競争力を持続し、１９９０年代初頭にバブル崩壊を迎えるまで、学校教育と雇用・所得分配と社会保障を循環的に機能させる戦後日本型福祉国家は続いた。しかし１９９０年代以降、低成長経済への移行と少子高齢化の進行等によって財政危機が深まると労働政治は後退し、多数派「民意」は、自助や自己責任の強調による新たな統治を受容した。

小玉氏によれば、１９９０年代以後の日本社会における「政治の復権」というべき状況は、「脆弱な福祉国家の再建」とポスト福祉国家的状況の下での民主主義的な「シティズンシップの組み替え」という2つのコンテクストを異にする課題を引き受けざるをえなくさせているという(小玉、２０１６)。２０１６年6月19日施行の改正公職選挙法によって選挙権年齢が18歳に引き下げられ、これに伴って「高等学校等における政治的教養の教育と高等学校等の生徒による政治的活動等について」（27文科初第９３３号、平成27年10月29日）という通知が出された。これがこれまでの政治教育の「凍結」をいわば「氷解」させ、「論争的問題を深く考える」ことに焦点化したシティズンシップ教育（＝市民性教育）を実践することがいま学校の課題になっているという。

しかし、「アクティブな市民」形成の必要性を説く前に、現在の状況を別な角度から対象化しておくことが必要である。というのも、ポスト福祉国家的状況とは、再分配を低下させると同時に公財政負担が削減されるだけの状況ではないためである。人々は、自分の生活・人生は「個人化された能力・努力」によって贖われるべきものとして競争的環境を受け入れ、財や機会の格差と排除で分断されながらも主体的な社会参加を通してシステムへ動員される状況に陥っている。そのため、「個人化された能力・努力」の延長に構想される「シティズンシップ教育」では、この窮状を打破することが難しいのである。人々をアクティブで自立した市民へと追い立てる民主主義の再建では問題状況の解決にはいたらない。復活した全国学力テストとあわせて、昨今では文科省が「知識・技能」と「思考力・判断力・表現力」以外に、「主体的に学ぶ態度」を学力の3要素とする定義しているが、特に「主体化」によるシステム動員についてはこうした角度から批判的に捉え返すことが必要である。

教師や子どもたちの多くは、この自立への強迫的状況の中で疲弊し、元気をなくしている。貧困家庭出身者の低学力だけが問題なのではない。学力上位層の子どもとて例外ではない。「個人化された能力・努力」の向上に向けて教育産業がかり・家族ぐるみで取り組まれる教育・学習には、過度なストレスや人間関係の不調もつきまとう（おおた、２０１５）。長時間労働を余儀なくなされている多くの教職員にしても、政府から矢継ぎ早に繰り出される学校・教育課題の上乗せをこなすため、トップダウン型の効率的学校経営の中で「考える時間とゆとり」を喪失し、上記したような社会状況を構造的に対象化できていない。これが、今日の学校をめぐる課題にほかならない。

3．教育の「政治的中立性」確保という言葉をマジックワードにしない

１９６０年代以降、高校生の政治活動を規制する文部省通知を契機とした学校管理の体制下で、多くの教員が、教育において現実政治に沈黙し、政治を語らなくなっていく。組合教員などの中には積極的に語る人もいるだろう。しかし、組織率の傾向的な低下の影響を含め、一般的には、政治教育の「凍結」状態が進行したといわれる。この沈黙を側面から促したものが、学校における教育の「政治的中立性」確保の要請であった。いわゆる教育二法と、旧教育基本法第８条第２項が優先されて、同法第１項に定める「政治的教養」の教育上の尊重がなおざりにされたという理解である。ただ、そこには多分に誤解や無知が含まれていたのではないか。

これらの法規定は、制定当時から条文（の趣旨）が変わっていない。そのため、これらの法規定それ自体が、近年の学校における政治教育をより困難にさせている直接的な理由・要因というわけではないだろう。ここには２つの次元での問題が考えられる。まずこれらの法規定に関して、教員を含めた世間に誤解があり、それが今日に至るまで持続していることである。そのことと連動して、先に述べたような学校をとりまく構造的な状況の出現によって、より一層学校（教育）の自由が縮減することに帰結しているということではないか。

本章では、まず学校における教育の「政治的中立性」の確保に関する法的含意の誤解を解き、学校に本来存在している自由に改めて目を向けておきたい。この誤解が解ければ、ひとまず学校で政治教育を実践する法的な余地は思われているよりも原理的に広いことが理解できる。

２０１６年６月19日施行の改正公職選挙法により選挙権年齢が18歳に引き下げられた。これを契機

に「主権者教育」や「市民性教育」が一部で論じられ、実践される動きもあるが、学校現場において必ずしも政治教育の自由がストレートにテーマとして語られているとは聞かない。それはなぜか[1]。現場の教師にとってどこかこのテーマは躊躇や迷い、不安などを感じて腰が引けるのだろうか。保護者から批判が寄せられたら、あるいは教育委員会に指導されたときどう弁明しよう、そんな内心の声も聞こえてくるように思われる。

以下では、教育の「政治的中立性」確保という言葉が、よく分からないがゆえに学校の教育において政治を語らなくさせるマジックワードとして独り歩きしてしまうことのないように関連法規定の含意を再確認する。

4. 教基法第14条の法解釈をめぐって

〈教育基本法〉旧8条

第14条　良識ある公民として必要な政治的教養は、教育上尊重されなければならない。

2　法律に定める学校は、特定の政党を支持し、又はこれに反対するための政治教育その他政治的活動をしてはならない。

（1）学校における「党派的教育」の禁止とは何か

それでは、上記の教育基本法第14条に関する誤解を解く作業から始めよう。この条文は、端的には、学校が「特定の党派的目的を有する政治教育」（=党派的教育）を行うことを禁止している。

その主語は学校である。そして、法律に定める学校とは、学校教育法の第1条に規定された「正規の諸学校」のことを指す。

だから、例えば、学校が現存する政党等の勢力伸長を目的としてそれを支持または反対させるための「党派的教育」を行うことは法禁されているが、授業で教員個人が、子どもたちに現実の政治の動きを知ってもらう目的から、「中央政府の政策」や「自治体の施策」への支持表明あるいは批判的見解を示すことは違法ではない。

学校というこの条文の主語は無生物であり、実際、教育に携わるのは教員である。その趣旨は、第一義的には、当の学校が組織として、所属する教員（集団）を通して、特定の党派の伸長や減退を目的とした教育をしてはいけないという含意であると解される。同じ学校に勤務する教職員といえどもそれぞれ政治の価値観は多様であって、厳密には、ある教員個人が自らの政治的な主義や政策的主張を児童・生徒に対して一切語ってはいけないとは書いていないのである。むしろ、子どもたちが政治にとって不可避的な価値観の対立や葛藤をリアルに学ぶためには、教員たちが表現する様々な政治の価値観を知ることは、正当な政治教育の一部だといえる。

例えば、地方議会や首長、教育委員会が、地域の小規模校を残すか否かを検討しているとき、学校統廃合の是非は現実政治上の論点である。法解釈上、そうした意見や主張がぶつかる政治のトピックであっても、教員は教室の自由な討議にゆだねていい。それはセーフなのだ。法禁されている対象がこのようにその目的によって限定されていることは、教育上で政治を語る自由が広いことを示す点で、かなり重要である。

また、この法律は、当該教育の過程や結果として、子どもたちに特定の党派を支持または反対する意見が多く生じたとしても、それまでを幅広く禁じてはいない。同条第2項が過程や結果までを禁じないことで、同条第1項に掲げる必要な「政治的教養」の教育上の尊重こそが優先事項であることと整合させているである。

もし政治教育の過程や結果までもが法禁対象にされてしまったら、学校での教育は何かしら政治的な主義や意見に影響を与える以上、政治教育それ自体が不可能となってしまいかねない。批判的精神でもって現実政治について思考し、判断・行動できる次世代を育成するのが、広義における政治教育の役割ならば、そうした教育は禁止対象ではなく尊重されるべき当のものである。

ところが、この点に関して、総務省・文科省による「私たちが拓く日本の未来」【活用のための指導資料】は、同法第2項が「直接・間接」を問わず「党派的政治教育」を禁じているとする拡大解釈を解説として載せている。「直接的」な目的の立証も当事者の証言や証拠資料がなければ困難を抱える面があるのに加えて、「間接的」な営為まで禁じているとしたら、それをどのような基準や手続きで認定できるというのか。この拡大解釈には、同条第1項にいう教育上における政治的教養の尊重を積極的に確保しようとする態度は見えない。

加えて、国の首相や地方の首長に出身政党があったとしても、政府は政府であって特定の党派に属する立場そのものではない。だから、「政府の政策」に対する批判が一切法禁されていると考えてしまうのも、全くの誤解に過ぎない。

以上、ここまでの叙述で教基法第14条の解釈をめぐる誤解が解けたなら、教員が、どこか特定の政党が発行しているパンフレットやマニフェストを授業で批判的に使ったからといって、それだけで「政治的中立性」の確保ができていない違法な授業だ、などということにならないのは了解されよう。

ちなみに、ここにいう「批判」という言葉も、重要である。総務省・文科省による「私たちが拓く日本の未来」【活用のための指導資料】でも、この教基法第14条第1項は、「国家・社会の諸問題の解決に国民一人ひとりが主体的に参画していくことがますます求められる中、とりわけ民主主義社会においては政治に関する様々な知識やこれに対する批判力などの政治的教養が必要であることを踏まえ、それが教育において尊重されるべきことを規定している。」と述べられている。政治教育において「批判」が不在であるにもかかわらず、児童生徒には自然に「批判力」が形成されると考えることは難しい。同法第14条第1項にいう「良識ある公民」には、「政府の失策」を含めて現実政治への「批判力」の形成が必要なのである。

　この世界の中で議論となっている外国人労働者・移民の受け入れや夫婦別姓、同性婚の是非などについて、それを支持ないし反対であることを教員が生徒の前で表明したとしても、それは既存の特定政党の立場に立つことをすぐさま意味しないし、ただちに違法とはいえない。歴史認識や戦後補償の在り方に関しても、政府見解というのは、社会に存在する複数の見解の中の一つに過ぎない。政府見解を示して「これを覚えなさい」と結論を教えて終るだけならば、かえって学校の教育は、児童・生徒の政治的思考の思考停止に加担してしまう。

　その意味で、現代社会における政治的教養とは、児童・生徒個人に「正しい選挙行動の仕方」や「正しい選挙制度」の知識・理解を問うテストに正解できるような教養をはるかに超えた潜勢力を有している。これは議会や政治家、政治コンサルの専門家が提示する政治的な選択肢の中で、理性的に選択できる「賢い市民」的教養のススメでもない。その選択肢の設定それ自体が、特定の権力関係の中でつくられた価値の枠組みであることを批判的に捉え返すことまでが含意されているのだ。

　ただし、学校で、政治家個人への人格攻撃となる非難や中傷がなされれば、それは名誉棄損や人格権の侵害にあたる惧れがあり、不適切である。また、子どもたちに対して、教員の政治的な主義・主張を無批判に受容させ、その価値観の内面化を子どもに強要してはいけない。それは「注入」であって教育ではない。教員自身の政治的な立場を判断基準として、児童・生徒の有する政治の価値観に対して成績評価で優劣をつけるなら、それは教員の権力的立場を利用した立派な強要に他ならない。生徒の有する政治信条とその表現の自由は、授業中でも成績処理でも、当然に尊重されなければならない。

この臨界点を超えなければ、授業で扱える政治の話題はことのほか広いことがわかる。具体的に、教員が授業中に「私は原発推進の政策に反対です。それは○○だからですが、みなさんも科学的なデータや自分自身の価値観に従ってよく考えてみてほしい。」と述べても、それだけでは違法で不適切だとはいえない。文部科学省は、教員が与える影響を考慮して、教員自身の政治的な考えを表明すべきではないなどとする見解を示しているが、現行法はそんなことまで禁じてはいない。教員自身が、萎縮する必要はどこにもない。萎縮しているとしたら、それは法律のせいではなく「忖度」による自己規制だ。

ちなみに、先に述べたように、この教基法第14条第2項は、主語が法律に定める「学校は」となっていた。ある一人の教員が行う教育の在り方を禁止対象に定めているのではなかった。学校には、複数の様々な政治的立場・信条の教員が存在し、そのこと自体、そして、その個人の思想・表現の自由を享受し行使することは、これも他者の権利を侵害したり秩序破壊的な行為に及ぶといったものでない限り、認められなければならないものである[2]。政治について異なる考えを持つ教員同士が、学校空間の中で政治について自由に議論し、対話できる日常の状況は、政治的教養を教育上で尊重する前提条件になりうるものである[3]。

（2）生徒自身による政治的活動の尊重

日本では、実定法上、生徒の法的地位や権利の在り方が不明確なところが存在するが、選挙権の行使こそ18歳以上に限定されるとしても、政治的権利の享有そのものは、子どもから成人まで市民に憲法上で原理的に認められている価値であるのは間違いない。

　そのため、一方では、高校３年生のみならず、すべての児童・生徒が将来「良識ある公民」として自らの政治的権利を行使できるようになるために、学校内の授業のみならず、様々な機会をとらえて社会での政治的活動に参加する経験が積極的に認められる必要があるといわれる。政治教育によってではなく、生徒自身が政治的活動の経験を通して成長していく側面の尊重である。

　それはそうであるけれど、生徒の政治的活動は、上記のような射程内に限界設定されるべきものものはない。反原発デモから開発推進運動や環境保護運動、ヘイトスピーチと反ヘイトデモ、反Ｇ８サミット運動、消費税値上げ反対運動まで、今の日本社会には多くの政治的争点に発する直接民主主義の運動がある。そして、ここに参加しているのは誰かといえば、組織された活動家だけではなく「未熟」で「無関心」な「非政治的」存在とされがちな若者や主婦、非正規労働者、ホームレス、そして、生徒や学生などである。世界的に注目されるのは、自立しなければ切り捨てられる不安定な「生」を強いられた当事者たちからの異議申し立ての広がりである。

　こうした世界の動向をふまえると、「高等学校等における政治的教養の教育と高等学校等の生徒による政治的活動等について」（27文科初第９３３号、平成27年10月29日）と題された文部科学省初等中等教育局長による通知と、それに基づく学校の対応には注意すべき点がある。ご自身が勤務する学校にあっても、自校の対応の在り方について慎重に検討されたい。

　海外の事例では、ドイツの場合、基本法下で生徒自身に校外でのデモに参加するために授業を欠席する権利が法認されているという（結城、２０１７）。日本の現状からはなかなか想像しにくいだろうが、各学校の裁量で、事実上容認されているというのではない。生徒の「権利」としてデモ参加のための授業欠席が法認されているというのだから、驚く人も多いはずだ。西欧諸国に限ったことではないが、相対的に高校生の政治参加を日本以上に積極的に認めている国は少なくない。

先の文科省通知に伴い、デモや集会など校外での政治的活動に参加するにあたり、事前の「届け出制」を実施・検討しているところが宮城県、愛知県など6県と横浜市など3つの政令市の教育委員会で、「届け出制」導入の判断を学校長に委ねるとする自治体も10道県と1市に上る、と報道されている（毎日新聞、２０１５年12月21日付け）。

高校生の政治的活動を、選挙権年齢が18歳以上に引き下げられたことに伴って認める一方で、このように運用上の規制をするのはその趣旨からして矛盾している。通知というのは、一般に、特定の人または不特定多数の人に対し、特定の事項を知らしめる行政庁の行為だが、少なくとも法律上認められている生徒の政治的権利を制約するには、「法律の留保」の原則が適用されるべきであり、通知一本で、校外における政治的活動への参加を一律に規制するような行為は、権利の制約方法としても重大な疑義がある。

学説上も「部分社会」説に立って、校内における一定の内部規律制定権を校長に認める考えは有力だが、「法律の留保」なく、18歳となった高校3年生が市民として行う校外での政治的活動に学校が介入することに合理性はない。高校卒業と同時に、一挙に即時的に政治的権利の行使力が身につくはずはない以上、それまでの学校生活を送る中でも、個別具体的に生徒の政治的自由を承認していくことが合理的である。

5．中確法は、誰の何を禁止しているのか？

義務教育諸学校における教育の政治的中立の確保に関する臨時措置法

第3条　何人も、教育を利用し、特定の政党その他の政治的団体（以下「特定　の政党等」という。）

> **の政治的勢力の伸長又は減退に資する目的をもつて、学校教育法に規定する学校の職員を主たる構成員とする団体（その団体を主たる構成員とする団体を含む。）の組織又は活動を利用し、義務教育諸学校の児童又は生徒に対して、特定の政党等を支持させ、又はこれに反対させる教育を行うことを教唆し、又はせん動してはならない。**

続けて、先に述べた教基法第14条が「党派的目的の政治教育」を退けていることと関連して、教育の「政治的中立性」を確保する枠組みとしてもう一つ重要な「義務教育諸学校における教育の政治的中立の確保に関する臨時措置法」（以下、「中確法」と略記）について、それが誰の何を禁じているか確認しておきたい。

中確法の第3条は、学校の教員のみならず誰であっても、教育を「利用」し、「特定の政党等」の政治的勢力の伸長又は減退に「資する目的」から、団体の組織や活動を「利用」して、児童・生徒への「党派的教育」を行うことを「教唆又はせん動」する行為を禁じている。

まず、この法律が禁じているのは、教育を「利用」し、団体を「利用」する形での他の教職員に対する「教唆」や「煽動」であって、教員個人による児童・生徒への「党派的教育（その他の政治的活動）」それ自体ではない。かつ、その「教唆又はせん動」行為の目的が、「特定の政党等」の政治的勢力の伸長または減退に「資する目的」である場合だけ、という限定が付されている。あなたは、この法規定についても、「特定の政党等」の政治的勢力の伸長または減退に「資する目的」を有しない場合まで幅広く禁止されている、と誤解していなかっただろうか。そもそも同法の規定（の意味）を知っている教職員や保護者がどれだけいるのかも怪しい。

繰り返しになるが、学校で行われる教育が、間接的に、または中長期的な意味で「特定の政党等」

の政治的勢力の伸長または減退に、結果的な事実として寄与することは考えられることである。だが、そこまで広範に禁止対象を拡張させてしまえば、あらゆる教育活動が何らかの意味では政治的であるのだから、教育の法禁にまで帰着してしまいかねない。それは不条理である。

また、この中確法に即して重要な点は、同法第3条の「特定の政党を支持させ、又はこれに反対させる教育」という文言が、教基法第14条のように、目的による限定がないため、それが何を指すのかより曖昧だという点である。何をもって「特定の政党を支持させ、又はこれに反対させる教育」と立証できるのだろうか。当該行為の目的による限定を外して、過程や結果として「支持又は反対させる教育」まで含める禁止の規定だとすれば、やはりこの条文自体が教基法との整合性を問われる。

以上述べてきたように、今回取り上げた法律は、学校における教育の「政治的中立性」確保に関して禁止対象を規定していたが、それらは、かなりの程度限定された行為でしかなかった。だから、中確法の規定にしても、従来から教育公務員特例法の政治的行為の制限規定とあわせて、「抜かずの宝刀」といわれてきたのである。この「政治的中立性」確保については、それに反するかもしれないとの危惧や疑念を教員側が抱き、学校における政治教育の機能不全をもたらす「萎縮」効果を発揮しているなら、その少なからずは法律への誤解によるものだと考えられる。政府による法律解釈の影響も含めて、社会における日常的な法意識がどうなっているか、その点のより緻密な検証が必要である。

教員自身にすぐできることの一つは、こうして学校において政治教育を実践する自由の領域が、思っている以上に開けていることを再認識することである。これは、公立学校の教員が、教育公務員として制限されている政治的行為・活動についても限定的であり、思われている以上に自由があることと連動している。

6. 学校における「自由」の復権に向けて

ここまで、学校教育で教員が政治を語ること、政治的教養の教育に取り組むことを課題とするとき、見失われかけている自由の領域を開示するため、学校における教育の「政治的中立性」確保に関して法律は何を禁じ、何を禁じていないのかを明確にしてきた。その誤解が解け、教員が法禁されていると思っていることが、思っている以上に自由の領域に属するという認識が得られれば、それだけで一歩前進である。

ただ、昨今の学校の息苦しい現状は、この教基法や教育二法等の誤解を含めた「萎縮」効果の上に、次のような問題含みの状況にも起因していると考えられる。それがやっかいなところである。

２０００年代に導入された教員評価制度によって、どこかチャレンジングで批判的な教育実践は自己規制されており、外側から「政治的コーディネーター」としての教員の役割を期待されても、それが有効に機能する状況は乏しい。こうした状況の中、教職員は、全国学力テストや自治体独自の標準テストをはじめ、学力スコアの平均点向上をまっすぐ目標に置いて効率的な学校運営と教科指導をすることを求められている。子どもたちの多くも、学校の内外において、他者と競合的・競争的であることがデフォルトな生活環境に親むように育てられている。

ポスト福祉国家的な統治では、経済のみならず教育を含む生活全般において、生産性の向上のため、人々を自立へと追い立てる社会現象が強まっている。学校や子どもたちにしても、今そうした社会の磁場に引き込まれ、能力の保証や説明責任を果たすべく、忙しく立ち回らざるをえない。そうした統治のしわ寄せが、社会における労働（仕事）の肥大化・過剰化（蔓延する長時間労働等を含む）としても現れている。仕事の時間に追われる日常は、教職員だけでなく子どもにとっても重大な課題を突き付けている。過度なストレスや疾病といった健康被害以外にも、自由な時間の圧迫は大きな問題である。政治教育のみならず、政治には、考える時間や話す時間が必要である。労働時間が生活時間の大部分を占領する日常に、自生的で豊かな政治は生まれにくい。近年における選挙での若者の低投票率を憂える言説は多いが、「政治意識の低さ」が原因であるという見方はその意味で一面的だろう。

　新学習指導要領により科目によってはさらに授業時数が増加し、年間授業期間の最大限の延長、長期休業日の短縮が回避困難となってきている。法定休憩なしの連続過剰労働に従事する教員が多い一方で、少なくない子どもたちが全国学力テスト等でスコアを上げるためにストレスフルな学力対策に追われ、疲弊している。問題は学力対策だけでなく、今日の学校が、部活動顧問教員の過度な負担（感）をはじめ、こなしきれない教育課題や業務・活動を引き受け過ぎているところに起因している。そして、それは学校自体が、あるいは教職員自身が、自ら期待される業務や活動を主体的に担っているためでもある。「子どものため」であれば、無定量の時間、そして、無限定な範囲で業務に従事し、活動に奉仕することを厭わない教員や支援員などが、こうした現状を現場で支えている。そうした学校現場で、過労死や過労自死を含む学校要因の自殺が年間数十件発生している。

　学校への安定した人員配置が強化されればまだ余裕が生まれるかもしれないが、少子化や財政難を理由に、抜本的な教職員定数の改善は一向に進んでいない。むしろ、教員のみならず、多様な学校職員にも非正規化の波が押し寄せ、教員の多忙対策としての他職種への業務分担の移行は、一部で他職種の多忙化を招いている。

　こうした状況の中で、効率的な学校運営を主導する立場にあるのが、校長等の管理職層であり、そのトップダウンの経営方針が、学校にいる教職員の働き方や子どもたちの多様な価値観と生き方を矯めて、同調志向を強めてしまっていないかが問われている。最近、物事の是非を合理的に論じるよりも、前例踏襲という名の経路依存を受認する思考停止に陥ってはいないだろうか。何でもかんでもＰＤＣＡサイクルに流し込めば経営努力だというわけではない。学校の「内部」でも計画された経営目標にだけまっすぐ向いた意識に閉じ込もると、「他」でもありうる可能性を思考する多層性・柔軟性は失われ、学校が立てた目標から外れる言動には否定的になりがちとなる。

　例えば、学校復帰を前提とした不登校生徒支援だって、それ自体実はかなり「政治的」な関与の仕方ではないか。こうした問いが否定されずに立てられるかどうか。危惧されるのは、そうした様々な問いや議論が封印されて、教職員や子ども、保護者らの関係性が平板化したり、あるいは硬化してしまうことである。その意味でも、「よそ見」という日常の契機は大切だ。脇目を振らず目標達成に走り回る教員には、何かある子どもだって声をかけづらい。授業中の「よそ見」だって学力対策に追われる子どもにはオアシスだ。常にアクティブな学習者でいなければならない教室は息苦しい。子どもにも教員にも今以上の休み（休憩・休養等）が欲しい。学校の自由はそうした細部からでも開かれる。

　様々な教育改革が「上から」推進される中で、上述したような「よそ見」や休みを含め、過剰な学校の教育・活動、効率的な経営計画の全体を緩めていけるかが、各地の学校で課題となる。もちろん教職員の基礎定数改善や給与制度改革といった国レベルの施策もそれとして必要である。そして、特に、教員の多くが長時間労働を主体的に引き受け、現状抱え込んだ業務や活動をスクラップ＆ビルドできない自己規制から解放されなければ、この窮状を打開していく根拠は弱い。勤務時間の上限設定にしても、この自己規制が解かれなければ、「持ち帰り残業」に転化してしまいかねない。だから、教員も学校の「外部」に出て、際限のない教育・活動にいったん立ち止まってみる。それが、教員の働き方改革としても、また、学校と社会における自由の復権にとっても重要だと考える。

参考文献
・おおたとしまさ（２０１５）『追いつめる親』毎日新聞社
・総務省・文科省（２０１５）「私たちが拓く日本の未来」【活用のための指導資料】
・小玉重夫（２０１６）『教育政治学を拓く』
・小玉重夫・湯浅誠（２０１６）「対談」『岩波講座　教育の再定義』岩波書店
・小玉重夫・荻原克男・村上祐史（２０１６）「教育はなぜ脱政治化してきたか―戦後史における１９５０年代の再検討―」日本政治学会編『年報政治学２０１６　政治と教育』木鐸社
・結城忠（２０１７）『高校生の法的地位と政治活動』エイデル研究所

---

1 近年、「市民性教育」や「主権者教育」といったテーマに関連して、学校の教員は「政治的コーディネーター」であるべきだと語られる（小玉・湯浅 ２０１６、小玉・荻原・村上 ２０１６）。「教育の脱政治化」から「教育の再政治化」へといったテーゼの主張である。本章では、むしろ、そうした教育の遂行が困難な理由・根拠として、法解釈の誤解や学校をめぐる閉塞的な状況があることを強調している。

2 公立学校教員の自由権とその制約に関しては、国旗掲揚・国歌斉唱の指導をめぐるものを中心に、司法的にも争点になってきたものであるが、憲法論・法律論としても、必ずしも見解が確定的ではないことに注意したい。

3 沈黙が政治的意思の現れであるケースは、教員だけでなく児童や生徒においても同様である。だから「あなたの政治的意見を作文で書き表しなさい」といった子どもたちに課題を与え、かつ書かないことを認めない指導であったなら、それも法の趣旨にはそぐわないだろう。政治教育では、政党政治の仕組みや投票制度を知識として得るだけではない。それは、人々の政治をめぐる言いよどみや躊躇、迷い、屈折などを含んだ情動までを「政治の多層性」

として読む態度・リテラシーに関わる。

第三章　政治的態度の剥奪

柳沢文昭

I 「わたし」の地平

1．政治的態度と自由

カミュは夜半にふと目覚め、政治参加の是非について自問することがある「本当に、なぜ時事問題について書くのだろう。何もそれを義務づけない。党派も、宗教も、また、自己顕示の自然な欲求ですらそれほどは。逆にすべてがそれに距離を置かせる。仕事も、人生の短かさも、自分の力不足も、経験も。[1]」彼は政治的に沈黙する誘惑に駆られる。だが、夜明けとともに一つの信念が甦る。そしてその誘惑を退ける「それがわたしの信念である以上、それについて直接語らないで何になろう。［…］この信念は古くて新しい。そして人間をその条件に抗して立ち上がらせ、さらなる尊厳に向かい、また安逸を越えて生きる誇りに向かい、駆け足で、あるいは這ってでも、休みなく前進させることをやめなかった。その信念とは自由である。[2]」自由こそ「一人の作家がその下で、全責任を負って行動できる旗印、それも唯一の旗印だ。[3]」自由の信念、即ち自らの存在を賭けるほどの、自由の確信が彼の政治的態度を支える。

またアレントに従えば、「自由という理念に対応する心的能力」は意志であり、[4]意志とは「新しい何かをもたらすことのできる、つまり世界を変えることのできる能力[5]」なのだ。そして「世界を変える」とは、政治的関心の最も野心的かつ象徴的な表現にほかならない。政治的態度とは、意志という現実的な能力として自由を引き受けることと一応、定義できるだろう。ゆえに、何らかのやり方で自由から目を背けたり、それを見失ったりするとき、政治的態度は剥奪される。

2．自由のパラドクス

では、人はどのようにして自由から目を背けるのか。あるいは、自由を見失うのか。この問いに、何人かの思想家が答えている。

自発的隷従　まず、非常に興味深い答えがラ・ボエシの『自発的隷従論』に見出せる。この本が著わされたのは16世紀半ばで、著者はそのときまだ18歳あるいは16歳という若さだった。彼はルソーが「人間は自由なものとして生まれた[6]」という有名な言葉を記すより2世紀以上も前に、この本のなかで「われわれが自然の状態において自由であることは疑いえない[7]」と書いた。

ところが彼の周囲の現実の状況は逆だ。彼は、「無限の数の人々が、服従ではなく隷従するのを、統治されているのではなく圧政のもとに置かれているのを、目にする。[8]」批判の矛先はここで当然、圧制者に向けられるかと思うと、そうではない「民衆自身が抑圧されるがままになっているどころか、あえてみずからを抑圧させているのである。［…］みずから隷従し喉を抉らせているのも、隷従か自由を選択する権利を持ちながら、自由を放棄してあえて軛につながれているのも、みずからの悲惨な境遇を受けいれるどころか、進んでそれを求めているのもみな民衆自身である。[9]」これは自由と隷従を巡る議論におけるコペルニクス的転回だ。人は隷従を強制されるのではない。人は本来、自由であるにもかかわらず、自ら隷従を選び、自由を棄てるのだ。

自由からの逃走としての隷従　20世紀に至り、フロムが『自由からの逃走』でその理由を社会心理学的に解明する。彼は「自由は人間存在そのものを特質づけている[10]」と考える。彼は旧約聖書の失楽園のエピソードを例に、人間の自由への覚醒を問題にする「男と女はエデンの花園において、おたがい同士、また自然とも、まったく調和して生活している。そこは平和の楽園であって、働く必要もないし、選択も自由も思考もない。人間は善悪の木の実を食べることを禁じられている。ところがかれは神の命令に背いて行動する。[11]」人間は禁断の実を食べる。そして、その行為を通じて、自らを神の強制から解放する。これは、「自由の最初の行為であり、最初の人間的行為である。[12]」

　だがそれは、それまでそこに一体化していた原初的全体からの「わたし」の分離を意味する。この分離は孤独と不安と無力感をもたらす。人はそれに耐えられず、今、実現したばかりの自由から目を背け、逃走しようとする。「積極的自由」というもう一つの道、「愛情と仕事において、かれの感情的感覚的および知的な能力の純粋な表現において、自発的にかれを世界に結びつける」道があるにもかかわらず。[13]ラ・ボエシが「自由に対する愛さえもが、それほど自然のものとは思われない[14]」と言っていたとおり、人は自由を忌避することができるのだ。

　だが自由への覚醒は非可逆的で、「わたし」はもはや原初の統一へは戻れない。自由からの逃亡者はその代替物で満足するしかない。それは、支配と服従という関係において自由を忘れさせ、仮の安らぎを味わわせるサド・マゾヒズムあるいは権威主義で、その極端な形はナチズム等の全体主義的・国家主義的体制に観察される。これらの政治現象は決して特殊な、例外的なものではないということが、ここで理解されよう。それは自由という「人間存在そのもの」の特質に由来するゆえに、いかなる時代のいかなる人間集団もその危険を、あるいはむしろ誘惑を完全には免れるものではない。結局、人は自由であるにもかかわらず隷従を選ぶ、という言い方は正しくない。人は自由であるからこそ隷従に走る、と言わなければならない。

自由な選択しての隷従　そしてそれは自発的になされる。サルトルが『存在と無』でその事実を存在論的に根拠づける。彼は人間と物の存在の仕方を対置する。物は即自的に、つまりそれ自体において存在する。物はそれ自体と一致する。つまり「それがあるところのものである。[15]」物はかならず何かである。だが人間は対自的に、つまりそれ自身に対して存在する。人間はそれ自身に一致せず、「現前」する。人間とそれ自身のあいだには「分離」「剥離」がある。喩えて言うと、間隙がある。自分が自分自身から離れていなければ、自分は自分自身に対して「現前」することはできない。人間は「それがあらぬところのものであり、あるところのものであらぬ。[16]」人間は何かではない。何ものでもない。そのために人間は自己を作らなければならない。あるいは自己を選ばなければならない。つまり、人間にとって存在するとは、自己を作り、選ぶことだ。

そして「この選択［は］常に無条件である。[17]」この無条件性が自由にほかならない。人間は自分の思うままに自己を選ぶ。「こわがり」として、「意志的な人間として勇者として。[18]」「偉大な者として」、「高貴な者として」、また「下劣な者、卑屈な者として。[19]」さらに「われわれは、自己を選ばないことを選ぶことさえできる。[20]」つまり人は自己を隷従する者として、自由を持たない者として自由に選ぶことができる。このパラドクスが隷従をその自発性で覆い隠し、隷従と自由は取り違えられる。その結果、民衆はラ・ボエシが嘆いたとおり、「あたかも自由であるかのように、あまりに自発的に隷従する。[21]」つまり、自分は自由な主体であると信じているとき、実際は服従する臣民であるということがあり得る。そのことを警告するかのように、フランス語では「主体」も「臣民」もsujet（英語ではsubject）という同一の単語で意味される。

3．担うには重すぎる自由

むろん自由は自由を選ぶこともできる。フロムは、そのとき自由が人間を「世界に結びつける」と考えた。だが、そこで人間と世界が調和的に結びつくかどうかは別問題だ。なぜならば、自由な意志において人間は、人間の尺度を超えるよう求められるからだ。デカルトの言葉だ「わたしがわたしにおいて、それ以上に崇高なものはほかにはもう考えられない、というほど崇高なものとして経験するのは、意志、あるいは判断の自由だけである。したがって、なによりもその自由がわたしに、わたしは神に似ていると、わたしには神との類似性があると知らしめる。[22]」

アレントによれば、意志は「新しい何かをもたらす。」つまり「絶対的始まり」を起動する。そして、「絶対的始まりという仮説はまさに聖書の天地創造の教義に遡る。[23]」「始まり」にはそれに先立つ原因はあってはならない。もしあれば、それは「始まり」ではなく「結果」になる。「始まり」は、「頼りになる因果関係の連鎖によって説明され得ない［…］行為[24]」だ。人間は自由において、世界の合理的な連続性を断ち切らなければならない。そのとき人間は、ある意味で世界を超越するよう求められる。いずれにせよ、「始まり」は因果関係の連鎖を中断する空白、無によって始まる。「始める」者の前には「自由の深淵」が、「無の深淵」が口を開ける。[25]これは人間に克服し難い「困惑」をもたらすだろう。[26]

また、カミュの小説『転落』の主人公は自由について次のように述懐している「陰気な部屋でただ一人。そして自分自身を前に、また他人の裁きを前に、ただ一人で決めるのです。自由の果てにはいつも判決が待っています。だから自由は担うには重すぎるのです。[27]」自分以外の何にも依存しない決定は説明も、正当化もされない。それは常に疑わしい。それは決定者を自身と他者の裁きにさらす。ここで「困惑」は罪悪感と化する。意志という能力を行使する限り、自由を引き受ける限り、この感情は襲って来る。同時に、自由からの逃走の新たな誘惑も。

Ⅱ　「わたしたち」の地平

1. 自由と主権者

「わたし」だけが自由なのではない。自由は理性と同様、「この世でもっともよく分配されている。[28]」「［自由］が平等にいかなる人間にも属しているのは明白だ。[29]」人間は誰もが自由だ。そして自由なのは人間だけだ。自由は人間を他のあらゆる存在から区別し、一つの集団に構成する。そして自由は意志という政治的能力として現実化するのだから、それは政治共同体となる。それゆえサルトルは、デカルトを論じながら言う「ある人間が他の人間以上に人間であるということはあり得ない。なぜなら自由は各人において同じように無限だからだ。この意味でデカルト以上にみごとに学問の精神［自らの意志で肯定または否定すること］と民主主義の精神との結びつきを示した者はいない。と言うのも普通選挙の根拠は、普遍的に行き渡っている、ノンあるいはウイを表明するこの能力以外のものには求められないだろうから。[30]」

つまり、自由の普遍性が普通選挙の行われる民主主義社会を作るのだ。「わたし」は、意志という現実的な能力として自由を引き受けると同時に、同じだけ自由な同胞たちとともに有権者としてその社会の構成員たる資格を得る。つまり主権者「わたしたち」の一員という役割を与えられる。「わたし」が自由に相対し、それを引き受けるか否かのあいだで揺れ動いていた地平、つまり「わたし」の地平は、そのとき「わたしたち」の地平へと自らを乗り越えている。「自由なわたし」はすでに「わたしたち」に参加している。人は単に「わたし」として、あるいは「わたし」において自由なのではない。「わたしたち」の一員として、「わたしたち」のあいだで自由なのだ。そこで「わたしたち」の一員としての「わたし」に求められる政治的態度は、自由に由来する意志という能力を行使し、その能力ゆえに与えられた主権者の一員という役割を果たすことだ。これは結局、主権者の一員としての意志の行使を通じて自由を引き受けるということだ。

2. 民主主義社会における政治的態度の剥奪

民主主義社会は固有の制度・慣習により成り立ち、そしてそれら制度・慣習は主権者の一員としての意志の行使を条件づける。あるいは、それに干渉する。ところでそれは自由を引き受けるための一つの手段だった。手段が無用な干渉を受けるとき、目的の達成は難しさを増す。つまり自由は一段と、担うには重くなる。自由を棄てようとする誘惑はさらに高まる。そして、それに抵抗できなくなったとき、自由は自発的に、つまり、いかなる内的抵抗を受けることもなく放棄され、それに応じて政治的態度も容易に剥奪される。

主権者と臣民　「わたしたち」は主権者だ。だが「主権者」という概念がまず問題だ。「主権者」は「臣民」と対をなす。支配し庇護する主権者は、支配され庇護される臣民なしには存在しない。だが民主主義社会においては構成員全員が主権者だ。臣民はどこにいるのか。主権者が同時に臣民なのだ。ルソーは、社会の各構成員は「主権に参加する者としては市民、国家の法律に服する者としては臣民と呼ばれる[31]」と言っている。各人は主権者の一員としては一般意志の形成に参加し、臣民としては法律という形で表明される一般意志に従う。「わたしたち」は治めつつ治められる者、あるいは、治められつつ治める者ということになる。「わたしたち」の政治的アイデンティティーは両義的なのだ。

主権を担保する自由がすでに重荷である者は、この両義性に、自らを専ら臣民と、治められる者とみなし、主権ともども自由を手離す絶好の口実を見出すだろう。そうでない者も、この両義性を前にして、自らの主権の正当性に疑問を覚え、それを手離さなければならないかのような錯覚に捉われるかも知れない。特に、その転嫁先、委譲先が用意されているとなれば、なおさらだ。それは、一般意志の形成過程で「わたしたち」とそれとのあいだに介在する存在である代議士と、一般意志の執行過程でそれと「わたしたち」のあいだを仲介する団体である政府[32]の二つだ。ルソーによれば前者は「人民の使用人[33]」、後者は「主権者の公僕[34]」でしかないのだが。それらへの主権譲渡の誘惑は、「政治は政治家に任せて置けばよい」というような声を人々に発せしめる。

そして現在、社会全体がこの誘惑に屈しているように見える。例えば政治についての日常の会話、政治報道や解説は当然のことのように有力議員、首相、閣僚、政府関係者を主語として進行する。つまり本来、主権者でない者の意向・言動を語る。それらの言説に「わたしたち」主権者が登場するのは、支持者として、不支持者として、不満や憤りを表明し、要望し、訴える者として、要するに傍観者、場合によると嘆願者としてでしかない。そのうえ「わたしたち」は、あろうことか「使用人」や「公僕」のなかから「強力なリーダー」が出現することを期待しさえする。また人々は、知性・品性の欠如、公私混同、非法治主義・非立憲主義的姿勢などである政治家を非難する。その政治家がそのような救い難い人物であるのは本人の責任だ。だが誰にだってそのような救い難い人物である権利はある。問題はその人間が国会に議席を有するという点だが、その責任はその人物を当選させた、またはその当選を阻み得なかった「わたしたち」にある。この件で本人を責めるのは、政治家に本質的な責任を転嫁し、同時にその責任の根拠である主権者としてのステータスをも譲渡するに等しい。暴言・妄言・虚言を吐いた閣僚の任命責任を首相に問う場合もそうだ。その閣僚の任命責任は首相にあるが、首相の実質的な任命責任は「わたしたち」にある。野党の弱体を責める場合もそうだ。野党に力を、つまり十分な議席を与えなかったのは「わたしたち」自身なのだ。このように、政治的アイデンティティーの両義性に起因すると思われる政治的態度剥奪の例は枚挙に暇がない。そのようななかで、その趨勢に抗い、妥協なく主権者の一員として振舞おうとすれば、その地位を僭称しているかのような後ろめたさに襲われかねない。

「わたし」の意志と「わたしたち」の意志　何がどうであろうと、政治を導くのは主権者「わたしたち」の意志でなくてはならない。ところが「主権者とは集合的存在にほかならない。[35]」主権者の意志は、主権を担う各人が自分のみに依拠して表明した意志から生まれる。「わたし」は、「わたし」の意志を形成することで「わたしたち」の意志形成に参加する。だが多数の「わたし」の意志を唯一の「わたしたち」の意志に昇華させる手続きがどのようなものであれ、「わたしたち」の意志が「このわたし」の意志に一致することは、ほとんどあり得ない。他の「わたし」の意志が一つだけでもそこに混入した段階で、それはもう絶望的だ。仮に一致しているように見えても、ルソーによれば、それは「人間の工夫の結果ではなく、偶然の結果であろう。[36]」あるいは外見上のものだ。と言うのは、同じ決定であっても、それをなさしめた動機、あるいは決定内容の解釈は人によって様々であるからだ。「わたしたち」の意志は「わたし」の意志から必然的に乖離する。後者が前者の内に生き延び、何らかの政治的成果に達する見込みは、まずない。このことが例えば選挙の際、人々に「わたしが票

本書をお買い求めの書店

本書をお買い求めになったきっかけ

本書をお読みになってのご意見・ご感想をご記入ください。

＊ご投稿いただいた感想は、宣伝・広告の目的で使用させていただくことがございます。あらかじめご了承ください。

＊太田出版公式HP（ http://www.ohtabooks.com/ ）でもご意見を募集しております。

郵 便 は が き

お手数ですが
切手を
お貼りください

160-8792

184

東京都新宿区愛住町 22
第3山田ビル 4F

(株)太田出版
読者はがき係 行

お買い上げになった本のタイトル：

お名前　　性別　男・女　　年齢　　歳

ご住所　〒

お電話

e-mail

ご職業
1. 会社員　2. マスコミ関係者
3. 学生　4. 自営業
5. アルバイト　6. 公務員
7. 無職　8. その他（　　　）

記入していただいた個人情報は、アンケート収集ほか、太田出版からお客様宛ての情報発信に使わせていただきます。

太田出版からの情報を希望されない方は以下にチェックを入れてください。

□ 太田出版からの情報を希望しない。

を入れても何も変わらない」という声を上げさせる。

意志の行使を命ずる自由をすでに重荷とする者は、これを理由に意志行使の責任とともに自由を棄てようとするにちがいない。そうでない者も、意志の努力をひたすら徒労と感じるかも知れない。そのとき確実に、主権者の意志への参加の動機づけは殺がれる。徒労を恐れ、自分の声になんとかして政治的意味を持たせようと、「数」を集めにかかることもある。すると、そこで生まれる集団の一般意志と「わたし」の意志とのあいだで、また同じ問題が生まれる。多数派工作の最もシニカルな遣口は、間違いなく勝ちそうな候補者や党に票を入れる、いわゆる勝馬に乗るというやつだ。だが、その場合は「わたしが票を入れなくても何も変わらない。」「わたし」の意志を、即ち政治的態度を維持するということは、徒労と知りつつ、意志の努力を続けるということなのだ。

選択の自由と新しい何かを始める自由　たとえそれが徒労であるとしても、選挙では自由な意志の表明が可能だ。ならば、自由を行使する喜びは得られるのではないか。ルソーに言わせると、間接民主制を採用しているイギリス国民ですら議員を選挙する期間は自由なのだ。[37]だがルソーは楽観的すぎる。なぜならば現行の選挙制度では、限られた数の候補者が前もって与えられていて、有権者はそこから選べるだけだからだ。アレントは「二つあるいはそれ以上の与えられた対象のあいだから選択する能力」と、「継続的な事象や状態を自発的に開始する能力」とを、即ち「選択の自由」と「予想不可能な新しい何かを始める自由」とを区別し、後者を近代人の自由としている。[38]前者は選択肢以外の何かを選ぶことを許さない拘束的な自由だ。後者は制限しない自由、自由な自由、真の自由だ。現行の選挙制度はこの自由を無視する。現行制度をこの自由に適応させるには、ほぼ無限の選択肢を用意する必要がある。ここで、「候補者のなかに投票したい人がいない」とか、「支持したい政党がない」といった声が上がる。

だが「新しい何かを始める自由」を重荷とする者、絶対的始まりに先立つ「自由の深淵」、「無の深淵」を恐れる者は喜んで現行の選挙制度を受け入れ、自由から目を背けるだろう。そうでない者は、自由を行使する喜びを禁じられ、フラストレーションを味わう。そしてそれに耐えられず、自由の紛い物で満足する術を、やがて学ぶかも知れない。そんなふうに政治的態度を剥奪された人々は選択肢のなかに閉じこもり、客観的に、つまり選択の対象から出発して意志決定する。これらの人々は選択の対象に自分の意志を拘束させる。候補者のデータを評価し、順位づけて、一人を選ぶ。決定はデータから因果論的に導き出され、人間たちは自らの自由に身をさらさずにすむ。さらに人々は自分の頭をあまり悩まさずにすむよう、選択肢の単純化を望み、「対立軸」を、あるいは政権の「受け皿」を作れと言う。また選択のヒントが欲しくて、「争点」を作れとも言う。政治的態度の剥奪はどこまでもエスカレートする。

もちろん「予想不可能な新しい何かを始める自由」を譲らない有権者もいる。その自由は絶えずその者に、政治の決定論的連続性を断ち切らせ、政治の過去からの脱出を計らせる。それは、何の原因も理由もなしに始まりを起動させるためだ。その場合、始まりそのものが、それを正当化する価値を創造する。そのような有権者は自分を前・政治的地点に位置づける。そしてそこで、政治をスタートラインの手前に引き戻す機会を日頃から窺う。だが、その唯一の現実的な機会となるべき選挙において、真の自由の行使は許されないのだ。ここではルソーとは逆に、人は議員を選挙する期間だけは自由ではないと言わなければならない。有権者はその自由を放棄しない限り、つまり政治的態度を維持しようとする限り、フラストレーションに苦しみ続ける。

3．一度なした意志行為

　主権者としての責任放棄の危険にさらされながらも可能な限り自由に意志したからと言って、それで一件落着ではない。自らなしたその意志行為が「わたしたち」の意志を拘束し、その政治的態度を奪う。国会で与党が圧倒的多数を占め、それを背景に政府が強権を振るい、有権者は無力感に捕われ、その状態はもう変わらないと感じる場合などだ。人々は、その多数の根拠は自分たちの自由な投票行動にあり、自分たちしだいでは別の状況もあり得た、また今でもあり得るということに思い至らない。アレントはこう説明する「記憶という観点からすると、つまり過去を振り返ると、自由になされた行為であっても、今では既成事実であり、我々がそのうちで生きている現実の重要部分となっているというインパクトで、その偶発的様相を失う。[…]その行為は今や必然の相を呈するように見える。[39]」自由な投票行動も一度なされると必然と化し、それ以外の選択の可能性を排除する。これは実は「わたしたち」の政治的態度の枠組み自体、つまり、現状での主権という概念、選挙という制度、要は民主主義というシステムについても言える。「わたしたち」が、民主主義社会の一員となるときに、自らの意志でそれに一度同意を与えたというだけで、そのシステムは他の可能性を排除する必然性を帯び、そのとき「わたしたち」には、「わたしたち」を政治的態度の剥奪に追いやる要因を内在するそのシステムの外に出ることは到底、不可能なように見える。

　だがアレントによれば、それは視点の取り方の問題なのだ「意志する自我の視点からすると、意識の錯誤と思えるのは自由ではなく、必然性のほうだ。[40]」と言うのは、「記憶が過去のための精神的器官であるように、意志は[…]未来のための心的器官である[41]」からだ。意志は「自由と未来のための器官だ。[42]」つまり「わたしたち」は今、「自由と未来」の視点に立っていないということだ。そしてその理由はまさに、「わたしたち」が一度自由に意志し、その意志が何かを始めた、というところにある。自由とは始める能力である。それも「純然たる始める能力[43]」である。つまり自由は始めることしかしない。継続も、完結もしない。「わたし」が一度意志したら、意志が「わたし」において一度始めたら、自由はもはや「わたし」を必要としない。ここでは「わたし」が自由を棄てるのではなく、自由が「わたし」を見棄てる。いずれにせよ「わたし」は自由を、未来とともに、見失う。「わたし」の地平は自由にたいして閉ざされ、「わたしたち」の地平も消える。この事態は「わたし」が自由を取り戻さない限り打開されない。

ここで求められるのは、カミュの言う「自由の信念」だ。もちろん信念は自由を生まない。だがその信念は、「わたし」において体験されているはずの自由、胎動しているはずの意志を、無条件で「わたし」に肯定させる。またそれらに、前もって「わたし」自身を賭けさせる。自由の信念は、引き受けるべきものとしての自由の前に「わたし」を置き、「わたし」が自由に相対する場、つまり「わたし」の地平を再び開く。言い換えるならば、「わたし」を「わたしたち」へと乗り越える機会を再び与える。そしてそこに政治的態度回復の展望が示される。

まとめ　繰り返し

こうして政治的態度回復の展望が示された。再び最初から始めることになる。またもや自由は「担うには重すぎる。」民主主義社会の制度・慣習は、あいかわらず「わたしたち」に干渉する。挙句に自由は、自身の論理に従って「わたし」を見棄てる。そしてまたもや「わたし」は、自由の信念を見出す必要に迫られる。すべてが繰り返される。だが、始めることしかできない自由は、この繰り返しにおいて絶えず自らを始め直すことによってのみ存続する。常に政治的態度を維持する主権者であるために、「わたしたち」は絶えず「わたし」の内に自由の信念を求め、この繰り返しを続けなければならない。

だがこの繰り返しの宿命の内にこそ希望が潜んでいる。始め直そうとするとき、再び自由に目覚めようとするとき、「わたし」は自由の信念に満たされてはいるが、自由を阻害する民主的諸制度にはまだ同意を与えていないからだ。つまり、「政治」の外に身を置いているからだ。そのとき「わたし」の目の前には、すべてが、これから意志することのできる新しいものとしてある。そこに今度こそ、政治的態度の剥奪を惹起しないシステムが、あるいは、システムの網をかいくぐり政治的意志を有効に示す方途が、さらには、政治的なるものについての未知の概念が見出せるかも知れない。つまりそのとき「わたし」は無限に自由なのだ。ラ・ボエシは、「われわれが自然の状態において自由であることは疑いえない」と言ったが、その「自然の状態」とは、政治をまだ始めていない、つまり「わたしたち」をまだ始めていない人間の、このような位置と態勢のことだ。そして人間は絶えずそこに立ち戻ることができる。

1 CAMUS, Albert：*Oeuvres complètes III*, Gallimard, 2008, p.1033
2 ibid., p.1035
3 ibid., p.1035
4 ARENDT, Hannah：*The Life of the Mind, Two/Willing*, A Harvest Book-Harcourt Inc., 1981, p.6
5 ibid., p.7
6 ジャン=ジャック・ルソー『社会契約論』桑原武夫・前川貞次郎訳、岩波書店、２００５年、15頁
7 エティエンヌ・ド・ラ・ボエシ『自発的隷従論』山上浩嗣訳、筑摩書房、２０１５年、25頁

8 同上、13頁
9 同上、18頁
10 エーリッヒ・フロム『自由からの逃走』日高六郎訳、東京創元社、２０１２年、34頁
11 同上、43頁
12 同上、44頁
13 同上、１５８頁
14 エティエンヌ・ド・ラ・ボエシ、前掲書、24頁
15 ジャン＝ポール・サルトル『存在と無 Ⅰ』松波信三郎訳、人文書院、１９８５年、54頁
16 同上、２０８頁
17 ジャン＝ポール・サルトル『存在と無 Ⅲ』松波信三郎訳、人文書院、１９８４年、１１４頁
18 同上、41頁
19 同上、99頁
20 同上、99頁
21 エティエンヌ・ド・ラ・ボエシ、前掲書、34―35頁
22 DESCARTES, René : *Méditations métaphysiques*, Le Livre de Poche, 2014, p.157
23 ARENDT, Hannah : op.cit., p.29
24 ibid., p.207
25 ibid., p.207
26 ibid., p.210
27 CAMUS, Albert : op. cit., p.758
28 DESCARTES, René : *Discours de la méthode*, Le Livre de Poche, 1973, p.17
29 SARTRE, Jean-Paul : *Situations philosophiques*, Gallimard, 1998, p.65

30 ibid., p.65

31 ジャン＝ジャック・ルソー、前掲書、31頁

32 同上、84頁

33 同上、１３３頁

34 同上、84頁

35 同上、42頁

36 同上、43頁

37 同上、１３３頁

38 ARENDT, Hannah : op.cit., p.20, p.29, p.32

39 ibid., p.30

40 ibid., p.31

41 ibid., p.13

42 ibid., p.32

43 ARENDT, Hannah : *Between Past and Future*, Penguin Books, 2006, p.167

第四章　『多数決は「民意」を反映するかという議論と学校』

水岡俊一

1．はじめに

私たちの生活の中に、しっかり根付いているしくみとして「多数決」がある。日本の国会議員の選挙やアメリカの大統領選挙に見られる選挙のしくみを考える時、この「多数決」というものを疑うことが必要であると強く思ったのは、ＷＩＲＥＤ ｖｏｌ 25（コンデナスト・ジャパン発行：隔月）の記事「When Majority Rule Goes Wrong コンドルセの多数決論：坂井豊貴」を読んだのがきっかけだった。

記事の中で、慶応義塾大学経済学部教授の坂井豊貴氏が、「多数決」の欠点を如実に表す選挙制度の問題点や選挙制度を改善する方法を語っていた。今まで選挙の度にその結果に釈然としない思いを抱いていた私は、目の前の霧が晴れたような気持になれた。

これを機会に「多数決は民意を反映するか」という問題を改めて考えてみることにし、坂井豊貴『多数決を疑う』２０１６を参考にして、自分の考えをまとめてみることにした。

2．多数決は民主的なのか

（ア）「民意」は我にありと豪語する自民党議員

国会における法案審議では、２０１４年の衆院選で2/3を超える議席をとった自民党・公明党は、最終的な採決の場面を数で押し切る形が横行している。

そのような行動を、自公両党議員が自ら正当化する発言も目立つようになっていることを、私たちは見過ごしてはならない。例えば、２０１５年７月16日与党安保法制が衆議院特別委員会で与党による強行採決が行われたことを受け、与党のある衆議院議員は次のような発言を行っていることに注目したい。[1]

「昨年末、集団的自衛権関連法成立等を公約に掲げ、自公で2/3の議席を頂戴した事は、疑いもなく有権者の意志であります。不正確な報道を根拠とする支持率の低下よりも、選挙による国民の意志が尊重されなければならないと確信します。」

この発言をネット上で見た時、私は何か釈然としないものがそこにあると感じた。

何が自分の中で引っ掛かるのか。そのひとつは、「自公で2/3の議席を頂戴した事は、疑いもなく有権者の意志である」と断定したところである。「有権者の意志」とは何を意味しているのか、そして世論調査支持率より選挙結果の方が国民の意志として絶対的に尊重されねばならないとした考えは妥当と言えるのか、などと自問するも自答できないのである。

(イ)「民意」を反映しにくい衆議院選挙

２０１４衆議院選挙において与党である自民党と公明党は、４７５の議席のうち３２６を得て2/3以上の議席を獲得した。しかし、これが「疑いもなく有権者の意志」と言えるのだろうか。

総務省発表の選挙結果（２０１４.12.19）によると、小選挙区の投票率は52・66%であり、有権者の約半数が投票していないことになる。そして、投票された票の内、自公の得票率が49・55%であることから、自公が明確に支持されたのは全有権者の約26%（0.5265×0.4955＝0.2608…）という数字となる。言い換えると全体の1/4しか積極的に投票してもらえなかった訳で、だからこれを有権者全体

の意志だとは到底言う訳にはいかない。（図１）

一方、自民党と公明党を除いた野党（無所属も含めた）の得票率は、50・45％。僅かながら得票率において自公を上回っているものの、小選挙区の議席数は自公２３２に対して野党は63、比例を合算しても自公３２６に対して野党は１４９しか議席がない。得票率では与党野党ほぼ同じであり、むしろわずかながらではあるが野党が与党を上回るという結果であるのに、野党の議席は全体の1/3にも届かないという結果となっている。これをどう理解すればよいのか。

仮に投票に行った人たちの意志が有権者の意志だとしても、野党に投票した有権者の意志はなぜここまで切り捨てられるのだろうか。

自公が現在の選挙制度において有権者の投票行為により2/3の議席を獲得したことは事実だが、私はこれを「有権者の意志」と見るのは傲慢であり論理的ではないと考える。

３年後の２０１７衆議院選挙結果（総務省２０１７．10．27発表）を調べてみると、小選挙区投票率は53・68％、自公の得票率は49・32％であり、有権者全体から見るとやはり自公は約26％の支持しか得ていないことになる。小選挙区の議席数は、自公２２３に対し、野党66である。

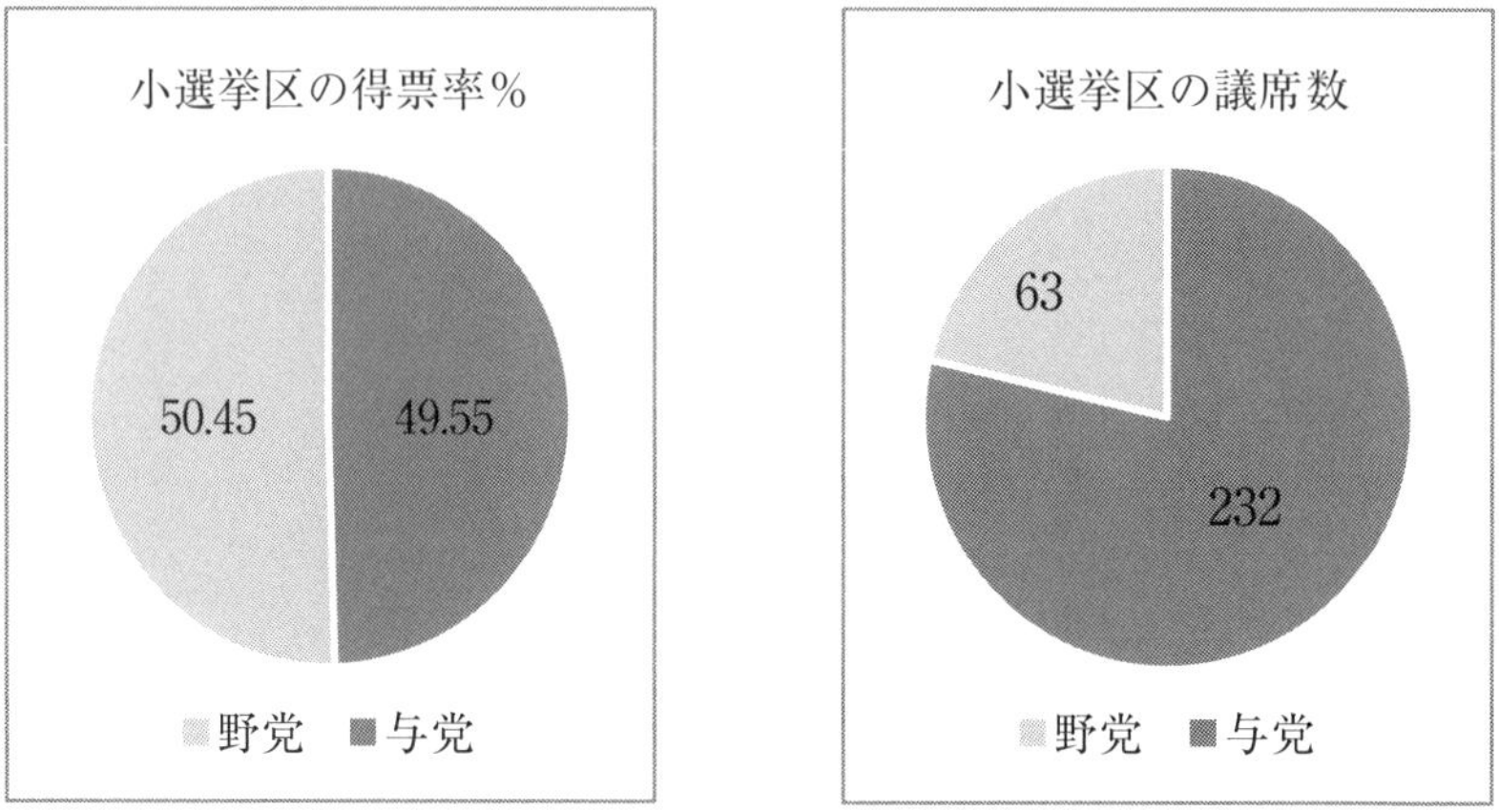

図１　2014 衆議院選挙結果

二つの衆議院選挙を通して言えることは、投票率、得票率から見て、少数の与党支持層が実に多くの議席を与党に与えてしまうという、道理に合わない現象が起きているのだ。だから私には、「現行の選挙制度は民意を反映しにくい選挙制度である」と思われる。

では、なぜこれらの選挙は民意を反映しにくくなるのか。その事を考えながら坂井豊貴氏の説明を読んでいると、少しずつ霧が晴れてきた。

(ウ)「票の割れ」という現象

坂井豊貴氏は、２０００年のアメリカ大統領選挙を、「票の割れ」の例として取り上げている。その内容をもとに、私なりに整理してみると、次のようだ。

二大政党の典型のようなアメリカの「民主党」と「共和党」、大統領選挙ではいつも両党の一騎打ちのような厳しい戦いが繰り広げられる。２０００年の大統領選挙では、「民主党」からアル・ゴア氏、「共和党」からジョージ・ブッシュ氏が候補として戦うことになったが、事前の世論調査では当時の副大統領であった「民主党」のゴア氏が有利と見られていた。ところが、最終的にはブッシュ氏が勝利した。その理由は、選挙戦の途中からラルフ・ネーダー氏が登場し「第3の候補」として注目を浴びることになったからだ。

つまり、ネーダー氏の政策はゴア氏に近いことからネーダー氏はゴア氏の票を一部奪うことになり、形勢を逆転させてしまったのである。ネーダー氏は、二大政党制のもとで展開される選挙において、有権者に新たな選択肢を提供することが目的だったと言われていたが、結果としてはブッシュ氏が漁夫の利を得た形で当選することになった。ブッシュ氏の政策には賛同できない有権者の方が多かったにもかかわらず、その反ブッシュ票がゴア氏とネーダー氏に割れてしまったことになり、賛同できる人々がより少なかったブッシュ氏が当選した。これが所謂「票の割れ」だ。

２００１年1月　ブッシュ氏は大統領に就任し、その年の9月にはアメリカにおいて同時多発テロが実行された。そのテロ事件後ブッシュ氏は、報復として「テロとの戦争」を決意し、アフガニスタンへの侵攻を始めてしまったことは多くの人々の記憶に新しい。ゴア氏が大統領だったら果たしてイラク侵攻を始めただろうかと考えるのは単純すぎるのかもしれないが、「第3の候補者」が与えた影響はあまりにも大きかった。「票の割れ」がもたらした世界の悲劇かもしれない。

ここで「第3の候補者」は、立候補すべきだったか、或いはすべきでなかったのか、議論のあるところだ。二大政党制の中でそのどちらにも心底賛同できないと考える人々も当然いる訳で、二者択一ではなくて新たな選択肢を与えるということは、有権者の意をくみ取るためには必要なことかもしれない。「第3の候補者」が責めを負わされるべきではなくて、多数決で決める選挙そのものに問題があるのではないか。

坂井豊貴氏は、「確かに多数決は単純で分かりやすく、私たちはそれに慣れきってしまっている。だがそのせいで人々の意見が適切に集約できないのなら本末転倒であろう。それは性能が悪いのだ。もし『一人一票でルールに従い決めたから民主的だ』とでもいうなら、形式の抜け殻だけが残り、民主的という言葉の中身は消え失せてしまうだろう。投票には儀式性が伴えども、それは単なる儀式ではない。聞きたいのは神託ではなく人々の声なのだ。」[2]と述べている。

（エ）多数決の欠陥と不合理

多数決という決め方は、選択肢が3つ以上あり票が割れる場合には、少数派の意見どころか多数派の意見すら尊重されないという事態が起こる可能性がある。私は、多数決がいかにも民主的で優れた決め方と思いこんでいたふしがあり、実のところは数ある集約ルールの一つに過ぎないということを気付かされた。

フランス革命前の1770年、パリ王立アカデミーで科学者ジャン＝シャルル・ド・ボルダが次のような研究報告をしている。

投票用紙に一人の名前を書く多数決を想定してみる。有権者21人が、立候補者3人（A、B、C）に対し、投票した結果は、Aは8票、Bは7票、Cは6票を獲得したとする。（表1）

この場合、多数決によると当然Aが選ばれる。このことは、有権者21人に対し、「誰を一番選ぶべきだと思いますか」という問いをしたことになり、最も多い8人からの投票を受けたAが選ばれたということになる。

そこで、「選ぶべき順位をつけるとしたらどのようになりますか」という問いに変えた時、次のような結果が出たとする。（表2）

ここでは、Aが一番と答えた8人の中で、A→B→Cの順番は4人、A→C→Bの順番が4人いたことになる。B→C→Aの順番は7人、C→B→Aの順番は6人。

ここで注目すべきは、Aが一番だと投票した人数は8人と最多だが、Aは最下位（3位）だとした人は13

表1　A. B. Cの中から一人を選び投票した結果

人数	投票
8人	A
7人	B
6人	C

表2　A. B. Cを順位付けして投票した結果

人数	1位	2位	3位
4人	A	B	C
4人	A	C	B
7人	B	C	A
6人	C	B	A

人もいたという点である。この13人が、1位とすべき候補者がＢとＣに割れただけで、21人の中で最も支持されない候補者であるＡが選ばれるというのは、全く奇妙な結果だ。

また違う角度から見てみる。

「ＡとＢのうちならどちらを選びますか」という問いをした場合、ＢよりＡを選ぶ人は8人、ＡよりＢを選ぶ人は13人となり明らかにＡはＢに負ける。

「ＡとＣのうちどちらを選びますか」という問いをした場合、ＣよりＡを選ぶ人は8人、ＡよりＣを選ぶ人は13人でやはりＡの負けとなる。

つまりＡとＢのペアで比べても、ＡとＣのペアで比べてもＡは支持されないという状況が見えてきて、Ａはどのペアにおいても負ける最も弱い候補者であるのもかかわらず、全体の多数決では最多数の得票で当選するという、極めて不合理な結果となることがわかる。ここで私は、どのペアにおいても負けるという最も弱い候補者のことを「ペア敗者」と呼ぶと初めて知り、そしてこの「ペア敗者」にたいへん深く興味を抱いた。

（オ）集約方法のひとつ「ボルダルール」

そこで、前述のジャン＝シャルル・ド・ボルダが紹介した集約ルール「ボルダルール」の説明に入ろう。

「ボルダルール」とは、選択肢が3つの場合、1位には3点、2位には2点、3位には1点を付けて投票し、その合計点を集計する方法である。

表2を参照しながらそれぞれの点数を計算してみると、

Ａの場合、（3点×8）＋（2点×0）＋（1点×13）＝37点

Bの場合、（3点×7）＋（2点×10）＋（1点×4）＝45点

Cの場合、（3点×6）＋（2点×11）＋（1点×4）＝44点　となる。

その結果、合計点の多い順序はB→C→Aとなり、「ボルダルール」によると当選者はBとなる。「ペア敗者」のAは最下位となる。

整理をしてみると、3つの候補から一つを選ぶことを想定した時、単純な多数決で選ばれた候補は、その投票者の思いを聞いてみると、最も選びたくないと思う人が一番多かった候補でもあるという皮肉な結果が起こりうるということだ。更に、「ボルダルール」を適用した場合には、また別の候補が選ばれるというケースが出てくる。また「ペア敗者」は最も選ばれるべきではないという考え方にたどり着く。

坂井豊貴氏は、「有権者が何人でも、選択肢が何個でも、そして有権者の選択肢への順序付けがどのようであっても、ボルダルールはペア敗者を選ばない。つまり「いかなるときもペア敗者を選ばない」という基準、ペア敗者基準を満たすわけだ。その意味で「ボルダルール」は集約ルールとして性能がよい。」[3]と評価している。

(カ) 決戦投票で何がおこるのか

さきほどの**表2**における順位をつけた投票結果をもとに、決戦投票を想定してみる。一人を選ぶ投票では、Aが8人、Bが7人、Cが6人だったので、決戦投票は3番手だったCを除いてAとBで行うことになる。決選投票では、最初の投票でAとBを選んだ人の票は動かないものとすると、票の動きを注視するべき投票者は、Cを選んだ6人となる。この6人がもともと選びたい順位はどうだったのかに目をむけると、**表2**からC→B→Aだったとわかるので、AとBを比較した場合は当然Bを選

ぶこととなる。つまり、Cを選んだ6人の票はすべてB側に集まることになり、決戦投票結果はAが8人、Bが13人となり、Bが勝利することになる。

このように決戦投票は、単純な多数決とは違う結果を導きだすことがわかる。そしてこの想定では、「ボルダルール」を用いた時と同じ結果をひきおこすことになる。

3．「民意」を問うということ

多数決が物事の決め方の一つであって、ベストだとは到底言えないのだと気付いた時、また頭の中をめぐるのは「選挙による国民の意志が尊重されなければならないと確信します。」と述べた自民党衆議院議員のことである。選挙で選出された政治家が民意を代表していると信じて疑わない感覚が力量不足のように思えてくる。

そして、「集団的自衛権関連法成立等を公約に掲げ、自公で2/3の議席を頂戴した事は、疑いもなく有権者の意志であります。」とブログで発言していることに、正面からそれをきっぱり否定できる論理を持ちたいとも考える。

(ア) 政治家を選ぶことと政策をえらぶこと

坂井豊貴氏は、『多数決を疑う』の中で、「オストロゴルスキーのパラドックス」を紹介しているので、それを取り上げてみたい。

「自民党」と「立憲民主党」という二つの政党を例にとって説明する。この政党は、外交、財政、環境の分野における具体的な政策について、次のように違う政策を打ち出していると仮定する。（表3：これはあくまでも説明の材料として例示したもので、実際と関係ない）

表３　政党それぞれの政策

具体的な政策	自民党	立憲民主党
対北朝鮮	強硬策	融和策
消費税	税率アップ	税率維持
原子力発電	運転・開発容認	運転差し止め

　これに対して、５人の有権者がそれぞれの政策を評価し、総合的に支持政党を決めるということを行った。有権者１は、外交では自民党、財政では自民党、環境では立憲民主党の政策を良しとしたが、総合的に支持政党として自民党を選んだ。有権者２～５もそれぞれに判断。（表４）

　外交分野の対北朝鮮問題だけを見ると、５人の多数決では３対２で立憲民主党の数が多い。財政分野の消費税問題も、環境分野の原子力発電もそれぞれを見てみると、どちらも立憲民主党の方の数が多い。だから、立憲民主党が支持されるのだろうと思いたいところだが、総合評価の支持政党を問うた結果を見ると自民党が立憲民主党を上回る票があり、最終的にこの勝負は自民党の勝利となるのだ。

　すべての政策で、立憲民主党の方を支持する声が大きくても、政策を抱き合わせで総合評価すると、まったく逆の結果が出てくることがある。これを「オストロゴルスキーのパラドックス」と言い、政策を選ぶことと政治家を選ぶことは必ずしもイコールではないことを証明している。

　このことを学習した今、「多数決による選挙結果は民意とイコールで

表４　個別政策に関する支持政党と総合的に選択した支持政党

有権者	対北朝鮮	消費税	原子力発電	支持政党
1	自民党	自民党	立憲民主党	自民党
2	立憲民主党	立憲民主党	立憲民主党	立憲民主党
3	自民党	立憲民主党	自民党	自民党
4	立憲民主党	自民党	自民党	自民党
5	立憲民主党	立憲民主党	立憲民主党	立憲民主党
多数決	立憲民主党	立憲民主党	立憲民主党	自民党

はない」と私は言い切ろうと思う。

（イ）多数決の欠点を補うこと

多数決が必ずしも投票者の意をくみ取れないことがあるということを、実のところ政治家はよく知っている。その証拠に、自由民主党は総裁選、かつての民主党も代表選を行う場合、多数決で1位の候補者が過半数に届かなかった場合には、1位と2位で決戦投票を行ってきた事実がある。政治家自らが極めて慎重に選挙を行う時には、票が割れることを意識して、決戦投票を行ってきたのである。

現在、国内の選挙制度では決戦投票も「ボルダルール」も採用されていない。単純な多数決の選挙制度の下で、与党は巨大な党であるにもかかわらず党内で票が割れない方策を徹底していることで、圧倒的な勢力を維持している。一方野党は、票の割れにより共倒れとなり負けがこむことをなんとか防ぎたいと「野党共闘」に苦心している現実がある。

「民意」をくみ取れない選挙制度により、政治が「民意」から遠いものとなってしまう。このことを改善するためには多数決の欠点を補うことが求められ、それを具体化するためにはやはり決戦投票や「ボルダルール」などを取り入れることが何よりも必要だと思う。今こそより民主的な集約ルールを求めて声を上げる時ではないだろうか。

4．学校における民意について

（ア）AかBかという問い

ある友人と多数決について議論していたとき、その友人が幼いころに担任の先生にある事を気付かされた体験を語ってくれた。

彼女が小4の時のことだ。クラスである決めごとをしようとした場面で、AとBどちらを選ぶべきか投票で決めようと話がまとまった。いざ投票をしようとした時、担任の先生が「待った」をかけた。

先生は、「君たちはAかBを選ぼうとするのだから、そのどちらかを投票用紙に書いて投票し、その結果からみんなの意見を判断しようとした。そこで、みんなに聞きたいのだが、Aだと思う人、或いはBだと思う人、それぞれ必ずどちらかに決められるかな？ もしかすると、どちらかを選びきれない人はいないか？」と言うのだ。

そこでクラスで話し合った結果、Aを選ぶか、Bを選ぶか、どちらとも言えないという三つの投票の形をとることになった。しかし、もし「どちらとも言えない」という票が多かったらどうするのかという意見も出て、随分と議論が続いた。彼女は、その話し合いがとても印象深くて今でも記憶に残っているらしい。

「どっちがいい？」と聞く場合でも、人の気持ちにはそのどちらと決めきれない思いもあることをどうとらえるべきか、10歳の子どもたちは、先生のアドバイスでいろんな事を気付かされた訳だ。

(イ) 学校における多数決を変えていくとりくみ

小学校、中学校、高等学校等に至るまで、生徒会長や学級委員長など誰か一人を選ぶ時に、単に一人の名前を書いて投票する方式しか経験してこなかったとすれば、当然ながらほとんどの子どもたちはそれがあたりまえになってしまう。（ア）で述べた「AかBかという問い」のように子どもたちが気付きを与えられることがなかった場合、子どもたちが成長して社会人となったとき、民主的な選挙とはどのようなものかを考える力が果たして身に付いていくのだろうか。

　多数決の不合理な点を理解し、より民主的な選抜方法を実行できる市民を増やすためには、やはり学校という社会で子どもたちに「民主的な選考ルール」を求めた実践を体験させることがとても重要ではないかと考える。

（ウ）生徒会長を選ぶ選挙を変えてみよう

　具体的な事例を考えてみたい。
一般的に選挙を行う場合、投票者が選びたい一名の候補者名を書いて投票する形式が通例である。しかし候補者が3名以上の場合では、「票の割れ」を考慮した選挙のやり方を考えなくてはならない。そこでより民主的に選挙を行うためには二つの方法が浮かんで来る。「ボルダルール」を採用するか、決選投票をするかである。ここでは「ボルダルール」を採用する方法を考えてみたい。
　生徒会長を選ぶ選挙において、候補者の演説によって誰に投票するかを決めることになるケースがほとんどであるが、ここではこれに一つ工夫を加えることにする。投票者は選挙公報や演説で候補者を考えや人柄を知ることにより、選びたい候補者として順位を考える。そしてその上位から順に点数をつけてすべて投票する。その点数は、候補者がn人であれば、1位にn点、2位に（n-1）点、3位に（n-2）点ということとし、候補者が3人の場合では、1位に3点、2位に2点、3位に1点とすることになる。
　ここで例として次のような結果が出たとする。（表5）
表5を参照しながら計算してみると、
　Xの場合、（3点×12）＋（2点×0）＋（1点×20）＝56点

表５ 順位をつけて投票した結果

投票者	１位（３点）	２位（２点）	３位（１点）
12人	X	Y	Z
９人	Y	Z	X
11人	Z	Y	X

Yの場合、（3点×9）＋（2点×23）＋（1点×0）＝73点
Zの場合、（3点×11）＋（2点×9）＋（1点×12）＝63点

その結果、合計点の多い順序はY→Z→Xとなり、「ボルダルール」によると当選者はYとなる。言うまでも無いことだが、単純な多数決では1位を12人獲得したXが当選者であるが、「ボルダルール」ではそうならない。むしろ「ペア敗者」のXは最下位となることを理解しておくべきだ。

こうした「ボルダルール」を用いた多数決を、児童・生徒が体験を通して学ぶことは極めて有意義なことであり、これからの時代に必要不可欠な学習であろう。

5．終わりに

「多数決は民意を反映するか」という問題について考えてきた。多数決の仕組みを研究すればするほど、様々な集約ルールの性格を知ることとなり、その特徴が非常に興味深い。坂井豊貴氏は著書の中で、「マルケヴィッチの反例」を紹介している。有権者55人で選択肢は五つ、この投票結果に五つの集約ルール（通常の多数決、ボルダルールや決戦投票など）を適用してみたとき、それぞれ集約ルールによりすべて異なる五通りの結果が導かれるという例だ。この例がとても稀なケースであるとしても、ここまで来ると多数決というものに、何の意味があるのかわからなくなる。

衆議院選挙では、たった一人を投票で選ぶという最も単純な多数決で議員を選ぶ小選挙区制で選ば

れた議員が大半を占める。小選挙区制の選挙を多数決のしくみから考えてみると、場合によれば有権者の最も選びたくない候補者を選んでしまうことさえあるのだという不具合を私たちは忘れてはならない。しかしながら今では選挙で勝った政党の候補者たちが、あたかも有権者の意志で大いに認められたかのように言い放ち、自分たちの掲げる政策がすべて信任されたと豪語している。この事が如何に的外れでナンセンスであるかを認識することとなった。

現実の問題として、選挙や住民投票という形で「民意」をつかんでいくことは政治を行う上では当然必要となってくる。多様な有権者の意志を無理やり単一的な意見や方向性に集約することは、意味をなさないと思うが、物事を進めていく上である程度必要なことでもある。

そこで重要なのは、今を生きる私たちが選挙や住民投票の集約ルールについてより適した方法を研究すること、そして選挙や住民投票の結果はあくまでもひとつの結果であり、その結果が「民意」だと決めつけることはできないという認識を持つことである。

これらの事を、あらためて考えることは当然ながら必要だが、次の時代を担う若者達に伝えることがそれ以上に必要ではないか。そう考えた時に学校が果たす役割は極めて大きいと言える。義務教育の現場において、様々な場面で子どもたちと一緒に多数決を考えてほしい。この事は全国の教職員のみなさんにお願いしたい。

端的に言うと、「多数決は民意を反映しない」ということではないか。集約の仕方をどんなに工夫しても、集約した意志を正確に汲み取ることができないのである。ボルダルールがベターな集約ルールだということは言えても、ボルダルールをしても「民意」をくみ取れるとは言い切れない。つまりは、現在の選挙制度のもとで如何に多くの投票を得たからと言って「民意」を得たとするのは大きな間違いであり、むしろ選挙や住民投票などで拾い切れなくてこぼれる「民意」をどう拾うかが民主政治の追及すべきテーマであると言える。

参考文献

1）坂井豊貴（２０１６）『多数決を使う覚悟』ＷＩＲＥＤ ｖｏｌ 25 コンデナスト・ジャパン

2）坂井豊貴（２０１５）『多数決を疑う―社会的選択理論とは何か』岩波書店

3）坂井豊貴（２０１６）『決め方の経済学』ダイヤモンド社

4）山本奈生（２０１５）『犯罪統制と空間の社会学』ミネルヴァ書房

---

[1] ２０１５／７／20 １：09 @takashinagao ツイッター

[2] 坂井豊貴「多数決を疑う 社会的選択理論とは何か」２０１５ Ｐ10より抜粋

[3] 坂井豊貴「多数決を疑う 社会的選択理論とは何か」２０１５ 14ページより抜粋

第五章　沖縄「沈黙の民意」を生みだすもの

工藤宏司

1．はじめに

「子どもに不自由させたくないけど、選挙で生活が変わるかな。
何かのせいで自分がこうなってるとも思わないし」[1]

２０１８年９月30日に投開票を迎えた第13回沖縄県知事選挙は、「オール沖縄」勢力が推した前衆議院議員・玉城デニー氏が県選挙における最多３９６，６３２票を獲得して当選した。前知事翁長県政の継承を早くから宣言し、安倍政権が進める「辺野古沖への普天間基地移設」にも反対を表明、その賛否を問う県民投票実施などを公約に掲げて闘い、自民・公明・維新・希望の各党が推薦した前宜野湾市長の佐喜真敦氏に８０，１７４票差をつけての当選だった。63・24％を記録した投票率は過去四番目の低さで前回より０・89ポイント下げたが、投票前日に同地を襲った台風24号の影響を考えれば、むしろ関心の高さを示したといえるだろう。地元二紙、沖縄タイムスと琉球新報はいずれも開票翌日の朝刊一面で玉城氏当選を大きく伝え、社会二面で「翁長さんの魂継ぐ　基地なき新時代へ」（新報）「民意の風　意志継承」（タイムス）と、いずれも当選の報をうけてカチャーシーを舞う玉城氏と支持者に頭をさげる佐喜真氏を配置、そのコントラストを強調した。

「民意の風」という解釈には、両紙が伝えた出口調査の結果で、玉城氏が無党派層の７割を獲得したことと、自公維支持者の一定数を獲得した（自民支持者の21・31％、公明支持者の26・79％（タイムス）、自公支持者の四分の一弱（新報））ことが背景にあると思われる。また両紙が強調したのは「基地問題」で、記事でも移設反対派が全体のおよそ6割に達し、その82％が玉城氏支持に回ったと伝える。

記事をみていてもう一つ気づくのは、「経済の振興」というキーワードだ。たとえば「振興予算の獲得注視 県経済界 国との対話求める」（6面、タイムス）などがひとつの典型で、投票先では、経済政策を重視すると回答した人の73％あまりは佐喜真氏支持だったと伝えられ（新報 7面）、ここにもクリアなコントラストがある。

さらに掘り下げてみよう。今回の知事選で両氏の陰に埋もれてしまった二候補、兼島俊氏と渡口初美氏は、いずれも基地問題よりも経済政策を前に押し立てて選挙戦を闘った[2]。兼島氏は現在も進んでいるＩＴ企業誘致のさらなる進展によって基幹産業としてこれを育てることを、渡口氏はベーシックインカムの導入をそれぞれ公約に掲げた。両氏の得票は相対的には少なかったが、沖縄が置かれてきた歴史的文脈を丁寧にたどれば、経済問題は依然大きな問題であり続けていることは明らかであり、県民の関心として経済政策や福祉政策が論点として大きくあがるのはむしろ当然だ。

この点は世代別の投票先の違いに表れているという推測が可能かもしれない。たとえば朝日新聞と沖縄タイムスが共同で実施した出口調査結果では、10代、20代ではいずれも佐喜真氏への投票が上回り（それぞれ50：46、54：45）、30、40代は玉城氏支持が逆に多く（51：47、57：41）なる。一方50代では一転し、佐喜真氏が高い支持をとりつけ（59：40）るが、今県知事選のボリュームゾーンだった60代は逆に玉城氏支持が6割を超え（64：32）70代以上も類似の傾向をみせる（62：32）。

もうひとつ重要な事実を確認しておこう。それは投票結果の地域差だ。普天間基地がある宜野湾市長選挙（同日実施）では、政権与党が支持した松川正則氏が「オール沖縄」から支援を受けた仲西春雅氏と5，239票差の26，214票を獲得して当選している。また県知事選を地区別にみると、辺野古移設を明言しなかったとはいえ、事実上推進（あるいは容認）と目されていた佐喜真氏が玉城氏の得票を上回った市町村は13あり、宜野湾市はそこに含まれる（26，644票：22，379票）。また、移設先の辺野古がある名護市では玉城氏が上回るものの、16，796票と15，013票と僅差だ。

　このような結果は、一見、基地問題の「当事者性」が薄い地域に住む、経済問題や政策に関心が高い若者が佐喜真氏を支持し、基地問題に長く苦しんできた年配層やこの問題の「当事者性」を相対的に強く持つ地域の人が「基地移設反対」ではなく、「新基地建設反対」「沖縄に新しい基地をこれ以上作らせない」を掲げて闘った玉城氏を支持したと捉えられがちだ。実際、本土の大手メディアによる報道にはそうした論調も多かったように思うし、特にここ数年批判的な文脈で語られる「シルバー・デモクラシー」としてこれを位置づける議論にも出会った。

　しかしそれは本当だろうか。

　こうしたとらえ方には、われわれが「政治」をめぐる議論の中で、意識的・無意識的に前提とする「思考の癖」のようなものがあるように私には思える。たとえば「経済か基地反対か」を「佐喜真か玉城か」にそのままスライドさせてしまう議論自体、今回の県知事選で佐喜真氏と彼を支持した国政政権与党が意図的に設定した構図である。むしろ沖縄経済の発展にとって、基地は明らかに足かせになっている、というのは故・翁長雄志氏が県政において繰り返し主張してきたことだった。今回玉城氏が「新基地反対」という表現を繰り返したのにはこの考えが背景にある。彼らの本来の主張は「普天間返還」に際しての代用施設の県外移設、あるいは代用を伴わない返還であり、「辺野古移設」「だけ」に反対しているのではない。つまりここにあるのは「経済か基地反対か」をあたかも唯一の対立軸であるとする「問題設定をめぐる政治」なのだ。

加えて、「生まれた時から宜野湾市にすむ玉城氏支持」の若者にとって、党派性と政治的イシューを直線的に結ぶ問題設定は、自身の立場を複雑なものとして感じさせることになる。

「あ、でも、あれじゃないですか、みんな、みんなっていうか、辺野古、普天間移設、辺野古容認してる人は佐喜真さんが多くてみたいなのがでてたじゃないですか。ってなったら　えーーーでも違う部分でも入れてるからね、そうだよねえ、どうしよう　なんか論点ごとに投票できないですかね」[3]

彼女が語るのは、辺野古移設には反対だが、佐喜真氏が語った経済政策への支持をしている友人の存在だ。彼女はその友人のことを念頭に、経済政策については他候補者のマニュフェストも含めて、だれが当選した後であっても再度議論されるべきだと訴え、その際のひとつの方法として「論点ごと投票」について言及した。

冒頭の発言にもどろう。記事に登場する18歳の女性は、幼い二児を育てるシングルマザーだ。二人目のお子さんを出産した後、わずか二週間目に「性的サービス」を伴う那覇市内の飲食店に向かった彼女は、投票権をはじめて得て迎える今回の県知事選について記者に聞かれた際に冒頭の発言をしている。

この発言を以上の背景を知らずに読んだとき、私たちはどのような印象を持つだろう。あるいはそれを「若者の政治への無関心」ととらえた方もおられるかもしれない。しかしこの記事を丁寧に読むと、彼女が政治への絶望を感じていることや、そもそも自身が置かれた状況についてはあくまでも自分の責任であると感じていることがわかる。

彼女が自身の状況を「あくまでも自分の責任」ととらえる背景に何があるのか。もっといえば、彼女の「政治的無関心」の背後にいったい何があるのか。記事では、沖縄で長く若年妊産婦の支援にかかわってきた山内優子氏の「戦後27年間にわたる米軍統治で児童福祉法の適用が遅れたことが『貧困の連鎖』の遠因」「そして今は基地問題、代々の県政が手を取られ続け、本来の大きな課題に腰を据えて取り組めずにいる」という発言を引き、彼女が置かれた状況の背後に社会構造的要因があることを示唆するが、このような説明を当の若者自身がそのように捉えられていない状況を、われわれはどのように認識すべきだろうか。

わたしは本章で、こうした若い人たちの「政治的無関心」と呼ばれる状況や自己責任的なとらえ方にどのような背景があるのか、を明らかにしたい。それを、沖縄在住者への聞き取りの成果から仮説的に構成し、そこから「投票行動への及び腰は無関心である」という常識的見解への異なる解釈可能性を提示する。また、そうした「常識的見解」自体が、人々の活発な意見の交換や多様な可能性を奪っている状況――民意縮減状況――を生み出している可能性を示す。以上が本章の目的である。

2.「沖縄の民意」を語る人々　その横顔

以下に示す「声」は、２０１８年３月８～10日、および９月27～10月２日に沖縄県を訪れ、複数の方にインタビューをお願いして拾ったものである[4]（３月は民意研のメンバー全員で、９、10月は筆者がひとりでお話を聞いた）。それぞれ１時間から２時間にわたって「政治との付き合い方」「政治的無関心」などについて、非構造的面接の手法でお話を伺った際に出た発言である。以下、引用における名前はすべて仮名を用いる。なお本調査研究については、大阪府立大学人間社会システム科学研究科による研究倫理審査を受けて承認されている。

3．問題設定の政治学

(1)「基地反対」と「経済振興」の対置というリアリティ

まず「基地反対」と「経済振興」を対置し、そのいずれかを選択することが論点になっているという現状認識について、典型と思われる声を一つ紹介しよう。

「佐喜真さん側に入れてるのは、経済的な生活の話をしてる人だと思っていて。わたしのお父さんも佐喜真さん側で、ずっと今回佐喜真勝たないとやばいよっていってたんですよ。その理由が、わたし＊＊町なんですけど、町自体も佐喜真さんをずっと推してて、自民系の人た

表　聞き取りに協力いただいたみなさん（登場順）

高島さん	20代・女性 会社員	2018年10月１日	６名による座談会。２時間。
平前さん	40代・女性 医療関係者	2018年３月９日	高山さん同席の民意研メンバー参加の聞き取り。２時間。
銘苅さん	40代・男性 小学校教員	2018年３月８日 2018年９月28日	民意研メンバー参加の聞き取り。45分。 筆者による１対１の聞き取り。１時間。
向井さん	20代・男性 会社経営	2018年３月10日	民意研メンバー参加の聞き取り。２時間。
高山さん	40代・男性 大学教員	2018年３月９日 2018年９月30日	平前さん同席の聞き取り。２時間 筆者による１対１の聞き取り。1.5時間。
山辺さん	10代・女性 学生	2018年10月１日	６名による座談会。２時間。
篠木さん	10代・女性 学生	2018年10月１日	６名による座談会。２時間。
藤川さん	40代・男性 中学校教員	2018年３月８日 2018年９月28日	民意研メンバー参加の聞き取り。２時間。 筆者による１対１の聞き取り。１時間。
内藤さん	20代・男性 学生	2018年10月１日	６名による座談会。２時間。
新谷さん	20代・女性 会社員	2018年10月１日	６名による座談会。２時間。

ちがずっと町長なってて、自民系じゃない人のときに仕事が減ったたっていう感覚がやっぱりあって。だからその公共事業だったりとか、国とうまくやってお金ひっぱってこれるのはもちろん自民なわけじゃないですか。そういう意味で、お父さんは生活的にもう佐喜真さんに入れるしかないんですよ。」（高島さん、２０１８１００１）[5]

高島さんが語る実感は、沖縄において「基地反対」と「経済振興」が、対立的なイシューである、あるいは少なくとも両立はしない、という認識だ。たとえば沖縄県作成の資料『沖縄から伝えたい。米軍基地の話 Q&A Book』は、基地返還が大きな経済効果を生むことを強調するが[6]、高島さんが語るのは「基地があることによる経済的な恩恵」であり、国政との円滑な関係により地域経済が順調に回るという実感の存在だ。このことを考えるために、データから経済状況について確認しておこう。

まず沖縄県の実質経済成長率を長期的にみると、順調に成長していることがわかる。たとえば２００２年から２０１７年まで、前年比マイナス成長は２００４、08年の二回のみで、特に２００９年以降の伸び率は２～３％台を記録しており、全国動向を上回る。この堅調を支えるのは、「沖縄イメージ」の代表といえる観光業、近年とりわけ伸びの大きいＩＴ産業、およびアジア経済の活況と那覇空港の拡大を背景にした物流産業などである[7]。

他方、この堅調が必ずしも雇用や「生活」に結びついているわけではないことが重要だろう。「一人当たり県民所得」の２０１５年度結果は約２１７万円で全国平均約３１９万円の７割程度水準、勤労者世帯の年間平均収入は約５７３万円（７２２万円＝全国。以下同）、常用雇用者一人当たりの月間現金給与総額は約25万円（32万円）、最低賃金も時給７６２円で、県ごとの比較ではいずれも最下位か46位という数値が並ぶ[8]。２０１６年の完全失業率は４・４％（３・１％）、非正規雇用の割合は41・6%（37・5%）と相対的に高い。またその傾向が若年層に厳しく出ているのも特徴で、同年の若年層完全失業率は8・2%（15~29歳、4・7%）、非正規雇用者割合は44・2%（15~34歳、25・8%）で、若者のしんどさが目立つ[9]。

以上のような状況が、今回の選挙での若者の投票行動に影響しているのではないか、と高島さんは分析するのだ。

> **「（佐喜真さんは）今まで対立してきたものを、もう対立なくしてハッピーに行こうよ、平和に行こうよっていう雰囲気だと思っていて、すごい楽しそうな明るい未来な感じがあって（若い人を引き付けたと思う）。ただそこで年配層の方たちが（玉城氏に）いれるのは、ここで反対しないと平和が続かないという感覚が重要で。だからその平和のとらえ方の違いがあるとおもっていて。歴史認識が深く刻まれている世代の人たちは、それこそ基地はだめでしょうとか、戦争につながるでしょうとか、国が「すみません」ていう姿勢でもなく押し付けてるこの状態自体にはずっと沖縄県側は反対してきたし、闘ってきたわけだから、そこを無視してもう仲良くやりましょうっていうのは違うよね、っていうところはまだ残っている。その感覚はわたしにもある」（高島さん、20181001、引用中の（　）は筆者補足。以下同）**

高島さんが二つ目に語ったのは世代間ギャップの存在であり、その背景に何があるか、という分析だ。彼女はそこで年配者の経験に基づく「歴史認識」の存在を指摘している。ただその「歴史認識」は「沖縄戦そのもの」にまつわるものではない。むしろ彼女が語ったのは、特に「本土復帰」以降、国策の中で、国土のおよそ0・6%に過ぎない沖縄県に米軍専用施設面積の70・6%が集中させられてきた事実であり、その過程においてさまざまな恫喝や圧力が繰り返されてきたことに対して、年配者が強い嫌悪と危機意識を持っているのではないか、ということだ。そして世代的には若者であるご自身もその感覚を共有していると語る。

では「基地」をめぐるこの態度の違い、すなわち地域差、世代間ギャップが仮にあるとして、そこにどのような背景があると考えることができるだろうか。この点を、沖縄の戦後の歴史を振り返ることで確認しておこう。

(2)「経済振興」と「基地受け入れ」というセットはどのように作られたか

はじめに、敗戦後から「本土復帰」までの沖縄における保革対立をこえた政策課題のひとつに、「基地経済」から「自立経済」への転換の模索と葛藤があったとする櫻澤誠の議論を参照しよう。

櫻澤はまず「基地経済」の構造的特徴として「輸入超過による膨大な貿易赤字を、基地関連収入や経済援助といった貿易外収支によって補填すること」としたうえで、それが拡大再生産を下支えする第二次産業などの基盤拡充につながらず、消費需要のみが促される第三次産業肥大化とそれによる輸入超過という構造的な弱さをもたらすと指摘する。他方、「自立経済」は、「貿易外収支」依存をやめ、財の生産を基盤とする内発的発展を目指すものであるとし、戦後沖縄の政治課題のひとつは「基地経済」という既存の構造に対して、「自立経済」をいかに達成するかであった、と整理する。[10]

櫻澤によれば、アメリカが「沖縄」の分離統治方針を決める１９４９年には、すでに「自立経済論」は胎動し、日本が主権回復をした１９５２年４月に樹立した琉球政府にとっても、「自立経済」達成は一貫した重要課題として認識されていた。アメリカ政府も当初はこれを支持していた（あるいは積極的に要請すらしていた）が、方針転換は基地にまつわる状況がもたらしたと櫻澤はいう。

アメリカにとっての「沖縄」の位置づけは、戦後進んだ冷戦構造における極東アジア方面への政策によって決められてきた。その過程で「沖縄」は「太平洋の要石」、つまり極東方面の防衛拠点として重要な位置を与えられた。現在につながる恒久基地建設は１９４９年にはじまるが、それは軍用地として戦中に接収した土地の継続利用と新たな接収とを前提とした。沖縄県の軍用地の特徴のひとつは、民有地の多さだ。本土軍用地の87・４％が国有であるのに対し、沖縄県のそれは23・３％にとどまり、民有地は39・６％、公有地は37・１％を占める。この状況は、沖縄県における基地が、戦中、上陸した米軍による強制接収にはじまり、戦後統治下においてもそれが継続したことでもたらされた結果なのである。

１９５２年にサンフランシスコ講和条約が発効して国際法上の戦争状態が終わると、民有地の収用と継続利用について、条件面での闘争が起きる。米国民政府は当初、地代を低料金かつ一時金支出（いわゆる「一括払い」）でこれを解消しようとしたが、多くの地主たちはそれを拒否した。これをみた米国民政府は１９５３年４月３日に「土地収用令」を公布し、「正当な」法的手続きの下での強制収用を開始、翌３月には「軍用地料一括払いの方針」を発表し、「基地運用の円滑化」を狙った。琉球政府立法院は４月30日に「軍用地処理に関する請願」を全会一致で採決、「土地を守る４原則」（一括払い反対、適正補償要求、損害賠償請求、新規接収反対）を打ち出し、直接渡米折衝を実施、米本国政府からの調査団派遣を引き出す。しかし調査団は「一括払い」を支持する「プライス勧告」を１９５６年６月９日に出し、あらためて「沖縄」の軍事基地としての重要性を示した。立法院は11日に「プライス勧告に反対し４原則を堅持する」要請文を決議、20日にはこれが64市町村中56市町村に拡大し、住民大会が開催される。いわゆる「島ぐるみ」闘争はこうしてはじまった。しかし米国民政府は、保守政党やその指導層の懐柔や圧力を強化、基地への経済依存が相対的に高いコザ地区での経済封鎖（オフリミッツ）など、力での弾圧でこれに応じた。

　こうした梃でも動かぬ相手に対して、琉球政府の内外では当然のように反米感情が沸き上がり、軍政からの独立が模索される。そうして「自立」を模索するなかでさまざまな折衝が続けられ、１９５８年11月3日、米琉共同声明が発表される。琉球政府はここで一括払い方式の廃止と地料の適正補償を勝ち取り、さらに１９６０年の「琉球経済支援法（プライス法）」下での米国からの経済支援を引き出した。しかし他方で、損害賠償請求は棚上げされ、軍用地の新規接収については、地主が応じない場合には米軍が強制使用することを受け入れた。[11] この「強制使用」の余地を残した妥協は、復帰後、日本政府との間で繰り返される「代理署名問題」の火種となった。

　さて、ここで確認すべきなのは、１９５０年代を通じて1・9倍に拡大した軍用地は、「沖縄」での基地建設と維持・運用を重要政策課題としたアメリカの強制と弾圧の下でつきつけられた「妥協案」を、「自立経済」を模索した琉球政府が飲んだ結果とみなければならないということだ。それは「自立」を求めた末の「苦渋の選択」だった。そして重要なのは、県民の4分の1が死に追いやられ、多くの土地が奪われた戦後状況下で、その「選択」がなされたという事実だ。つまりそこには「受け入れを選ばざるを得ない」状況があった。

　そしてさらなる問題は、「基地受け入れ」とともに引き出された経済振興のための資本が、現実の「生活保障」には必ずしも結びつかなかったことである。これは、沖縄の企業が得をして、労働者への配分を不当に低くしている、といった問題ではない。実際、沖縄の企業所得も全国的にみると低い水準にある。

　この状況について日本銀行那覇支店の分析は、労働集約的な特徴が強い第三次産業が約84％と高率である県の産業構造を理由にあげている。観光業が強い産業構造の特性が、製造業における食料品・

飲料生産への偏りを生む（食料品、飲料・たばこで製品出荷額の55％に達する（２０１７年））一方で、開発や生産拠点を県外にもつ企業も少なくないため、県の雇用情勢に及ぼす好影響は相対的に小さくなると指摘するものだ[12]。また、島しょ部という地勢的特徴も、県外移送を前提とする製造業が展開しにくかった理由と指摘する議論もある。[13] しかし問題はそれにとどまらないだろう。ここでも歴史的経緯がその理解に欠かせない。

戦後、冷戦構造下で進展したアジアにおける「共産主義勃興の危機」で、「沖縄」の軍事基地としての戦略的位置づけは飛躍的に高まった。その認識の下で、アメリカは１９５０年代半ば以降、軍政下での統治様式の転換を図る。繰り返された「復帰運動」（それは軍政からの「独立」を求めるものだった）を「共産主義運動」として力で押さえつける従来の方法がかえって米国民政府や米本国への反発を招くと限界を悟った結果、沖縄住民の生活水準を本土並みとすることで、不満の根を除くという方針に移行したのだ。[14]

つまりアメリカはこの段階ですでに、あくまでも「基地の存続」を前提にした「経済的自立」を念頭においていたことになる。アメリカのこの立場は、極東軍事体制における「沖縄」の位置づけが変化するまでは一貫している。つまり１９５８年以降に議論され改定される日米安保体制も、その体制下で行われた施政権返還も、「基地としての沖縄」を前提としていた。そしてそれは安保体制のもう一方の当事者である「日本」の「沖縄」へのかかわりにも、継承されていくことになる。

これについて、１９７２年復帰以降２０１１年まで、実に4次にわたった経済振興についての島袋純の整理を参照しておこう。島袋はこれらの経済振興が公共事業そのものの肥大化を生み、内発的な産業振興や経済の自立をもたらさず、かえって利益還元型の財政依存を進めたと整理する。そしてそのひとつの理由として、振興計画に国がことあるごとに口出しし、必ずしも内発的動機でこれを進められなかったことをあげ、振興計画を批判的に総括する[15]。あわせて、基地の受け入れに強く反対した革新県政下と、国との協調路線をとる保守県政下では、振興費が露骨に異なっている点も留意すべきだろう。これらをみれば「基地受け入れ」と「経済振興」をセットにしたのは「沖縄」の側ではないことは明らかだ。その「問題設定」は、軍政統治下の米政府が作り、それを日本政府が引き継いだものとみなければならない。

復帰前沖縄の「軍用地接収」について紙幅を割いたのは、よく言われる「沖縄は基地がなければ経済的に立ち行かなくなる」「地主は基地経済の存続を望んでいる」という言説の背景を明らかにしたかったからだ。加えて、この主張にはすでにいくつもの反論が示されていることも確認しておこう。

たとえば、県民所得全体に占める基地関連収入の割合についてみると、１９６０年に30・０％、復帰した１９７２年に15・５％だったものが、１９９１年以降、おおむね５％台で推移している現状がある。これをみれば、基地経済に依存しているという議論にリアリティがないのは明らかだろう。ただしこれも「沖縄県」全体を見れば、ということで、たとえば基地関連収入が財政収入に占める割合が相対的に高い市町村に、金武町（39・８％／２０１２年度）や恩納村（33・７％／同）などがあり、こうした市町では失業率が相対的に高いという指摘[16]を鑑みれば、「基地経済」は現状を支える「カンフル剤」としての役割は果たすが、「基礎体力」を形作るものではない、ということになるだろう。その場合、「基地の受け入れ」による「経済振興」は、当面のしのぎといった意味合いが強くなるが、これらの市町における投票先選択にこの点が影響する可能性はやはり捨てきれない。ゆえにそれは「経済振興」を理由に「基地受け入れ」を考える人々に向けられる批判の声にも転換しやすい。

高島さんが語る「世代間ギャップ」の背景のひとつにこうした現状があることは疑いえない。そしてだからこそ彼女が強調するのは「知ること」の重要性なのである。そしてこうした主張は「沖縄」

の基地問題を語る際に、特に基地への反対をする人々が繰り返し持ち出すものでもある。彼らは「知ること」によって、多くの人が「基地の受け入れ反対」の意思表示をすると考えている。まして「投票棄権」などするはずがないではないか、と。

　しかしその主張には検討されるべき点が含まれているとわたしは考える。ひとつは、仮にそれを知っていても、いまを生きる人にとって優先すべき「何か」が他にあって、別の判断をする可能性がある、ということ。もうひとつは「知っても意思表示をしない人」がいる可能性だ。いや、こういうべきだろう。何らかの理由で「投票へは行かない」「意思表示をしない」という「選択」をしている人がいる可能性だ。

(3)「『基地反対』か『生活保障』か」の自明視～「問題設定の政治」

まずひとつめの論点から考えてみよう。「知っていても別の判断をする可能性」を考えるにあたり、三人のお子さんを育てる女性からお聞きした以下の語りは示唆に富む。

「基地に恩恵はないと県は言うが、周辺地域に住んでいる・生活をしている人はそう考えていない。人は総合的にはみない。直面している子どもの問題が（基地関連の問題に）あれば必死になるけど、そうでなければ反基地はライフワークにはなりえない。（反対運動に）賛成であっても、がんばれる人におまかせ、となる。時間は有限。生きていかないといけない」（平前さん、20180308）

ここで平前さんが語るのは、それぞれが生きている世界において、優先すべきことが違うのはあたりまえであり、生きることそのものに必死な状況下では、他の論点は後景へ退くというという実感である。もうひとつ、毎日新聞から似た声を拾っておきたい。

「子供の笑い声が響く沖縄県名護市の保育園。夕方に1歳の次女を迎えに来た母親（36）は、今月1日から始まった保育料の無償化を喜んだ。『すごく助かる。月額で2万7000円ぐらいが浮く』。米軍普天間飛行場（沖縄県宜野湾市）の県内移設工事が進む名護市。2月の市長選で安倍政権が推す渡具知武豊（とぐちたけとよ）氏が移設反対の現職を大差で破って初当選すると、政府は前市政の8年間にわたって凍結していた米軍再編交付金の支給を再開。保育料の無償化は辺野古移設への協力を前提に支給されるその交付金で賄われる。」（毎日新聞2018年9月12日）

この記事は知事選の半年前、普天間飛行場の移設先となる名護市長選挙で「基地移設反対」を掲げた候補が敗れたのち、名護市で何が起きたかを雄弁に語っている。ポイントは、当選した渡具知氏が選挙にあたって「基地移設」について最後まで「賛否」を明言せず、あくまでも「経済振興」だけを前に出す戦略をとったことだ。そしてその点が今回の知事選での戦略につながるというのがこの記事の指摘なのである。

記事ではこのあと、デニー氏陣営の政治家の「（辺野古移設の）論点隠しだ」という批判が紹介されている。また筆者の聞き取りでも、「辺野古移設」を明言せずに、「経済振興」だけが主張されれば、投票においては確実に実施されるだろう「経済振興」を重視し、「辺野古は移設しないかも」と考える人が出てくる可能性に言及した人がいた[17]。

その点も念頭に、平前さんや記事に登場する母親の意見について、たとえばこれを「歴史を知らない」「目の前の利しか考えない」と切って捨てるのは簡単かもしれない。しかしここで考えたいのは、これらの批判や分析が排除している可能性についてだ。

今一度、平前さんの語りを思い起こそう。彼女が語るのは「反基地」が、「生活保障」という現実と「投票行動」を通して「対立するイシュー」に置かれていることへの苛立ちである。聞き取りの中で彼女は「基地に反対である」と繰り返し主張しているが、投票行動が「人」の指名である限り、自身の選択で「基地反対」と「生活保障」が同時に満たされるとは限らない。実際、多くの選挙戦において「基地に反対しますか、それとも生活保障を獲得しますか」という問いがなされる現状では、生きることを優先せざるをえない、というのが平前さんの主張なのである。これが「問題設定の政治」と呼ぶものの具体例である。

この「問題設定」は、選択の一方がその人にとって「切実」であるほど力を増すことになる。たとえば高島さんはこの点について、

「わたしたちは直接的な生活の影響とかないので、いままで勉強した基地とか戦争とかそういうので判断してたんですけど、そういう意味で言ったら、生活にすっごい近い人からしたら、特に建築とか、農業だったりとかの人は、そう（佐喜真支持）になる」（高島さん、２０１８１００１）

と語る。これは一方の選択肢が相対的に満たされている人には、問題設定の政治があまり有効に機能しないという指摘だが、この点は重要だろう。つまり現在の「沖縄」における「基地か生活か」という問題設定は、県全体が構造的な貧しさにおかれる[18]からこそ効果的に機能するといわねばならないということだ[19]。そしてその点を背景に、アメリカも復帰後の日本も、自立経済の確立へはしばしば

横やりを入れてきたのだ。[20]「問題設定の政治」が、人々の投票行動、すなわち「意思の表明」を規定しうる力を持つことは明らかだろう。

さらに、こうした問題設定が、人々の間に相互への不信や不満を生じさせる可能性についても語られている。40代の男性の声を聴こう。

「人間としての感覚的には基地反対の方が僕としては正論なのかなと思ったりするんだけど、基地賛成というのはお金というのだったりが前面に出てくるので、変な話ですけど、今日明日のことを生活として考えている方には未来のこととか、子や孫へという感覚はなかなか響かないと思うんですよね。今の選挙にしても、佐喜真さんが年収３００万円にするとかいうふうな話をやって、基地反対の人が、そんなことできるわけない、そんなこと信じる人おかしいよ、とかいうんですけど、そこに喰いつくとか、頼ってしまうというのはわかるような気がします。反対派はそれをそんなこと信じるのは馬鹿だよね、とかおもってしまうというのは、逆差別というか、そんな感じがしますね」（銘苅さん、２０１８０９２８）

銘苅さんが語ったのは、経済政策を前面に押し出した佐喜真氏を支持する人を「お金になびく人」「現実を正確に分析できない人」と批判的に語り、馬鹿にする人の存在であり、そのことへ彼がもつ違和感だ。「沖縄」が置かれた状況についての「正しい認識」「正しくない認識」の存在を前提に、他方を「無知・無関心」という言葉でしばしば語る状況があり、しかし日々の「生活」に追われている人々がそのような状況でした「選択」を、単に「無知・無関心」という言葉で片づけていいのか、という葛藤を彼は語った。つまり「無知・無関心」にみえる行動の背後には、その人がおかれている社会的な事情があり、それはその人にとっての「合理的な選択」に彩られている可能性がある、と銘苅さんはいうのだ。

実は今回の聞き取りでは、多くの方がその点について語ってくださっている。本節のはじめに見た平前さんの語りもそのひとつだ。彼女は「自分は基地反対ではあるけれど、反・基地運動には関わらない」というご自身の立場の説明をする中で、先の発言をされている。自身の優先事項が基地問題以外にあって、そのことが大きな争点とならなければ限られた情報のなかでの判断となるが、より優先すべきことが毎日の生活にあれば相対的に「選挙」への関心は低くなる。それは「政治への無関心」ではない。むしろ「選挙」が「日常の生活」を「政治」から排除した結果なのだ。平前さんが指摘したのはそうした「問題設定」が人々を「政治」から遠ざけている可能性なのである。

この点を俯瞰的にみれば、平前さんのような人にとっては、「生活が大変」という自身の状況を「政治」から切り捨てておいて、まさにその理由から政治に背を向けざるをえないことについて「無関心」といわれることこそ「無知」ということになる。そして互いに互いを批判的に考えるこのような状況が、人々の間に分断をもたらしているというのが銘苅さんの主張なのだ。

しかしここで考えなければいけないのは、「基地問題への無知」が「生活の苦しさへの無知」よりも価値ある強い主張だと考える人が多いと彼らに認識されているように思われることだ。言い換えれば、このふたつは、少なくとも「沖縄」において「等価」ではない、という実感があるということだ。そこには「沖縄」という土地が持つ社会的文脈、および言説をとりまく力が存在していると見ねばならない。そしてこの点の確認が(2)でみたもうひとつの「選択」、すなわち「意思表示をしない」選択について考えることにつながる。

4.「エスタブリッシュメント」への反発と「選択」される「沈黙」

⑴「反・反基地」というリアリティと党派性

「沖縄の若い人の感覚は、反・反基地だと思うけど、それは「基地の容認」とは違う。基地問題の中身が問題なのではない」

「毎年6月にリセットされる平和教育[21]。また同じことをしているという感覚がある」（向井さん、２０１８０３１０）

「平和教育漬けが続くことで、むしろもういい、聞かないでもいいという空気があるかも。平和教育疲れ」（高山さん、２０１８０３０９）

向井さんは調査時点で20代半ばの男性だが、彼のこの語りは、ご自身が普天間高校在学中までに感じていたことが背景にある。高山さんの語ったことと合わせれば、若者の「無知・無関心」の背景には、「教育」をする大人の側の問題があるかもしれない、ということになる。

向井さんの発言のポイントは、あくまでも基地問題や平和教育の「内容」だけが若者の「無知・無関心」の背景にあるわけではないと彼が考えていることだろう。たとえば同じ文脈で彼は以下のようにも語っている。もうひとり、別の若者の発言と合わせて紹介したい。

「若者は基本的に反権力。国家権力・政権への対抗心がある。沖縄では反基地が権力構造化している。そこに反発したい気持ちがあるのでは？」

「平和教育の中では、多様性が語られる。なのに『オール沖縄』といわれてしまうことへの圧倒的

な違和感がある。」（向井さん　２０１８０３１０）

「（自分は）中学校の時くらい、ネトウヨというか、すごいあの（基地）反対派の反対派みたいな。辺野古の前に座りこみしてるのって、すごいやだー、変わんないじゃんみたいなのをしてて。ずっと普天間なんで」（山辺さん、２０１８１００１）

向井さんはここでふたつのことを指摘している。ひとつは若者の性質として、ある意味ナイーブに「反権力」であるということ、もうひとつは、若者が「反基地運動」を沖縄における「権力」と位置づけている可能性である。一方、山辺さんはご自身の変化を語る中で、かつて実際に辺野古への新基地建設反対をする人々に彼女が感じていた違和感を赤裸々に述べる。山辺さんの発言からうかがえるのは、「反・反基地」の実感が、向井さんが語る「若者の性質」といったあいまいさを越えて、自分自身の生活の中で具体性を持った「違和感」から生じている可能性である。彼女があげたのは「反基地」の手法への違和感（あるいは嫌悪感）であり、その方法が現状を固着させているという認識だ。もうひとつ類似した声をあげる。

「いっていることはわかるんだけど、方法がまずいだろ、という考えはある」
「ゲートの前に集まって、子どもの乗っている車にまでこぶしを振りかざして、唾吐いてるのはどうかね、というのは実際ある」（高山さん、２０１８０９３０）

高山さんが語るのは、手法への違和感が「論点の中身」と別に認識され、評価をうける可能性だ。

その意味で山辺さんの議論とはすれ違う。山辺さんは手法について「問題解消への効果」の点からこれを語り（そんなことしても変わらない）、それを自身の生活圏に「普天間飛行場」があることと結びつけている。一方高山さんはそうではない。主張自体はわかるが、その方法に逸脱性があるときに、違和感や嫌悪感を持つ人が出てくるのは仕方ない側面があるし、それが人々を「基地反対」から遠ざける可能性がある、と彼は語るのだ。

そして「逸脱性」をもった行為や他のさまざまな行為が、「党派性」と結びついて理解されるとき、たとえば選挙戦での構図――保／革＝経済振興／反基地＝佐喜真／玉城――に容易にスライドさせられることとなる。そしてそれが「投票行動」における自身の意思決定に影響をもたらすことになるだろう。以下の発言はそうした状況に向けられたものだ。

「宮崎県にいる家族に『デニー当確だよ』って送ったら、父親が『沖縄県民……デニーかよ（泣）』みたいな。自分がデニーさん（支持）だったんで、ん?とかなって。もともと父には自民党に知り合いがたくさんいるから、基地賛成なんだ、基地おきたい派?みたいに聞いたら、『左翼が嫌い』っていったから、『わたしは左翼と右翼っていう見方がきらい』って返したかったんだけど……。でも嫌いっていったら終わるから、ちょっと話聞きたいなって思って、どういうイメージで左翼が嫌いなの?って送ったら、平和平和って言いながら過激なことをするやつらが嫌い、ってきたから、出た!反対派の反対派って（笑）。めっちゃ長文で、『反対派』が過激なことをしてる、『左翼』が過激なことをしてるっておかしくない?って、『右翼』の人がみんなおとなしく冷静に、卓について話します、過激な人は全員「左翼」っていうのは成り立たないよね、それはおかしいって送ったんだけど、既読無視されて、うちの家族終わったなって思って。」（篠木さん　２０１８１００１）

「『左の人』は、いまは差別カテゴリー。東京へ行くとそのようにみられる。自分のことをわかろうと思ってくれる状況がなければ、話をする気にはなれない」
「左の人は、他の意見を聞いてくれないと思われている」（藤川さん　20180308）

ここでお二人が語るのは、政治的論点をめぐる態度を「党派性」でとらえる慣習的な見方の存在である。ここで話題になっている「左翼」「左の人」というカテゴリーは、先に登場した「ネトウヨ」「右翼」と対になるカテゴリーだが、これらがしばしば、人の行為や性質の予測と容易に結びつくと認識されていることをここでは確認しておくべきだろう。

篠木さんの父親が示した「基地反対派は『左翼』」というとらえ方について考えておこう。「基地反対派」と括られる人たちには、少なくとも「日米安保には賛成で、基地も存続やむなし」だが「辺野古への移設は反対」で「県外移設を進めるべき」という人もいれば、「日米安保に反対で、基地自体必要ないからその撤去が必要」という人がいる。前者は翁長雄志氏ら「沖縄保守系」政治家の主張であり、後者は「革新系」といわれる人々にしばしば見られる主張だ。具体的に掘り下げればそこにはさらなる意見のバリエーションがありうるが、それらすべてを「左翼」という言葉で括り、まとめて「反日」と位置付けることで、そうした個々の意見の違いは捨象され、後景に退くこととなる。

かつて翁長氏は「自分は沖縄の保守だ」と語ったことがあるが、このことは「左翼─右翼」という設定について重要なことをわれわれに教える。翁長氏の発言は、辺野古問題が全国的イシューとして注目されだして、彼が「日本政府に対する反逆者」とすら揶揄される中で語られたものだ。つまり「沖縄」の基地問題を「本土」の人間が「保守と革新」という対立軸で捉えると、それは容易に「本土／沖縄＝保守／革新」という軸にスライドさせられてしまう。翁長氏が語ったのはこの短絡的な構図への違和感であり[22]、ここにも「問題設定の政治」が表れている。

篠木さんと藤川さんが語る違和感はこのことと同根だろう。彼らは「沖縄」に住む、それぞれ自身の意見をもち、毎日の生活を個々に送る人々だが、「基地問題」という設定においては、しばしば「沖縄」アイデンティティを背負わされることになり、「基地反対の左翼」と自身が一方的に括られてしまうことへ違和感を表明する。そして重要なのは、「左翼」という属性カテゴリーが、自身の行為や意見表明に対して相手が持ちうる事前想定と結びいていることへの戸惑いや反発があることだろう。つまり「党派性」のなかに人を位置づけるという行為自体が、「ありうるかもしれない別の声」を封殺し、結果として対話から降りていく人がそこに想定可能だということだ。

向井さんが語った「若者は反・反基地」という感覚の背後にあるひとつの論理はおそらくこれである。彼らは自身が「沖縄アイデンティティ」を背負わされることをよく知っており（あるいは自分自身もそれを積極的に引き受けており）、その際、「反基地」行動への評価が自身への評価へと容易にスライドさせられることをよく理解している。それゆえ反基地運動への参加者の行為がしばしばもつ逸脱性に眉を顰めることになるし、強い嫌悪を表明したりもするのだと考えられる。

藤川さんはこの点についてさらに掘り下げて以下のように語っている。

「オール沖縄という枠は、右も左も、自民も共産も関係なく、多種多様な人の意見を聞いて決めていくというスタンス。それがオール沖縄の概念であるべき。翁長さんはその象徴。（デニーさんは）それを継承していこうとしている　佐喜真さん（あるいはその陣営の人々）からはすべての意見じゃないでしょ、いう批判が出るが、全部の意見だと言っていない。概念として、さまざまな意見をいかにまとめるか、というスタンスだ。いってみれば、お前たちのところには僕らの意見が入っ

ていないだろうという（その言い方、考え方に）、分断がうまれている。」

「実はオール沖縄陣営にもそうした考え方があるようにおもう。同じ意見じゃない人を排他的にしている人がいるようにおもっている。議員さんなどのなかには排他的な意見を言ってしまう人がいる。それはオール沖縄の今までとは違いますよね。オール沖縄は動的で、政治的な姿勢を示す概念であって、政党ではない。」

「本来の政治の姿としては、左も右もなく、その場の人をまとめていきましょう、というもの。だからこそ翁長さんは尊敬されていたし、（亡くなられたときに）県民みんなは泣いた。それを継承していかないといけないのに、本当に勝ちたいのであれば、それをきちんとしていかないといけないのに、そうならない。それを大切に考えている人たちが抜けていってしまうというジレンマがある。」（藤川さん　２０１８０９２８）

藤川さんは「オール沖縄」は政党名ではなく、政治をめぐるスタンス、概念であると語る。それは「多様な意見やスタンスの存在」を前提に、しかし「政治」の場面でしばしばあらわれる意思決定の際に、同じ方を向けるように議論を豊饒化させ、その空気を作っていく「哲学」といってよい、と。しかし実際には党派性に彩られ、敵味方をつくり、特定の人々をその議論から排除する形で機能し、それを嫌う人々が議論の場から去っていく現状への危機意識を彼は語るのだ。

また「オール沖縄」に背を向ける人々は、「意見の違い」自体を問題にしているのではない、とも藤川さんは分析する。むしろ「意見の違い」を問題視し、はじめから対話を閉ざす「オール沖縄内部」の人がもつ思考への反発から、撤退していくことを選ぶのだ、と。つまりそこで問題になっているのは「エスタブリッシュメント」の存在そのものではない。自身の立場性をそれと認識し、その正当性だけを念頭に、自他の意見をはじめから序列に置き換えて理解する方法こそがここで忌避されているとみるべきだろう。

そしてそうした「エスタブリッシュメント」に正面から反発する人は少数派である。それには多大なエネルギーを要する。だからこそ、二度の聞き取りを通じて常に雄弁だった藤川さんでさえも「東京では自分の考えを話さない」と語るのである。彼がそこで選ぶのは「沈黙」だ。次にその様相を確認していこう。

⑵選ばれる「沈黙」その１～「語れる資格」をめぐる逡巡

実は今回の聞き取りで驚くほど多かったのは、政治を語る場面での「沈黙」にまつわる多様な事情についての語りだった。ここでは大きく３つのパタンに分類してそれを見ていきたい。はじめにとりあげるのは「自身がその問題について語ってよいのか」という逡巡から「沈黙」を選ぶ人々の声だ。

「組合活動の大きな部分が反基地運動だとおもっていた。（だけど）それは教師のやることではない、教師のやることは子どもを伸ばすことだという意識があった。」（銘苅さん　２０１８０３０８）

「10年以上とはいえウチナーじゃないので。どちらかがウチナーであればまだしも、両方ナイチャーだと……（聞き取りに応じるのは相応しくないのではないかと思った）」（高山さん・平前さん２０１８０３０８）

銘苅さんが語るのは、小学校の「教員」と「基地反対」との間に彼がかつて「重ならなさ」を感じていたという事実だ。これは先にあげた平前さんが語った「優先順位」に近い感覚かもしれない。一方、二つ目の語りは、沖縄へ移住して10年になるおふたりのいずれからも聞かれた言葉だ。おふたりはここで「ウチナー」と「ナイチャー」という、出身地にもとづく属性カテゴリーを持ち出し、自分たちを「沖縄アイデンティティ」の外部に位置づける。そして重要なのは、そんな自分たちが「基地問題」「沖縄の民意」について語る資格があるのか、と逡巡していることだ。

　こうした感覚はしかし、社会的役割や属性カテゴリーから自動的に導かれるのではない。銘苅さんは語りの中で「今は反対」とし、その変化を「自分が（基地や歴史について）さまざまなことを知ったこと」に結びつけている。また高山さん・平前さんも同様で、そこでは「知ること」「知らないこと」にまつわる自他の位置づけへの理解が大きな原理となっている。

　この点をより赤裸々に語ったのはやはり若者だった。いくつか紹介しよう。

「（ＳＮＳではみんなが雄弁、という議論のなかで）なんかこっちで話してんのは知らない人同士で話してるからこうなってるんかなと思って、知らなくて、話してるところに知ってる人が来ると「あっ」みたいな、自分の情報間違ってるかもしれないから話せないデスみたいなのがめっちゃあると思っていて」（山辺さん　２０１８１００１）

「沖縄の基地問題の話するときに、沖縄の人って感情的だよねっていうのを言われたことがあって、修学旅行生に。感情は論理的じゃないから悪っていうのがたぶんあるっておもってて。今回デニーさんのこと、ツイッターで「おめでとうございます」みたいなコメントしたんですけど、そんとき、いかに自分がその、感情的じゃないかを示すのは、めちゃ気を使ってたな、とおもって（一同、笑）。やっぱり気にしちゃう、何も考えてないやつだなって思われちゃうのが嫌だなって気持ちがある。考えて、考えて、感情じゃなくて論理的みたいなのを見せないといけないっていう強迫

観念みたいのはある。」（内藤さん　20181001）

ここでおふたりが語るのは「間違ってはいけない」という感覚、および、それが「正誤」という判断を下される必要がない、自身の考えの表明でさえもが「理性的でなければならない」という感覚を持っているということだ。

おふたりのこの感覚を、「ナイーブすぎる若者の感覚」「もっと強くなればいいのに」などと言い切ることは私にはできない。彼らがそこで「間違うこと」を過度に恐れるのは、間違うことの価値を見出す機会と経験を与えられてこなかったからだ。だからこそ彼らは「沈黙」を選ぶか、「間違わない」という確信を持てる場や状況を探してさまようことになる。それに関連した語りを紹介しよう。

「投票しないことの理由に、いま若者、高校卒業してくらいの世代に出てきてる声が、自分が決められるだけわかってない、理解できていないから、重い一票を入れられないっていうのがあるんです。で、自分の弟がいってたのは、今までの沖縄の知事のこともありますし、あの、要は公約として出しているものが、結局なった人によってどうなるかっていうのは結果論であって、その人を希望をもって選んだとしても、その人が結局うそつく可能性もあるし、何がされるかっていうのはどっちの候補を選んでも起こりうる可能性があるから、選ぶ基準がまったくないっていう。それに自分がこうなってほしいっていう未来もそんなに描けてないからこそ、どっちを選ぶでもない、どうなっても、なった人ががんばってもらうしかないから、選択をして投票するっていう意味が分かってない、っていう話をしていて。」

「たぶん自分が選択したことで、どう変わるかっていういいイメージが持てなかったりとか、それ

がダイレクトに、いまの学生とか20代で、生活にダイレクトにかかわるといううけ方をしていないので、そんなに一票を絶対に使うべきだっていうのはないっていうのは事実あるな、っていうのは話していて思いました。」（新谷さん、２０１８１００１）

ここで新谷さんが語るのはご自分の弟さんのことだ。新谷さんは、弟が県知事選の投票には行っていないと思う、とこの話を切り出し、彼がなぜ投票に行かないことを「選ぶのか」について、弟さんとの会話から推測しようとしている。そこで新谷さんが見出したひとつの理由は、投票結果が具体的な生活や自身が思い描く未来とどのように結びつくかがイメージできていないこと、である。彼女は若者がよく使う「わからない」という言葉の背後にこの感覚があるのではないか、とこのあと語っている。同時に興味深いのは「いい未来につながるイメージを持てない」にも関わらず「一票が悪い方向に未来を変えてしまったらどうしよう」という不安も強くもっていると語られたことだ。新谷さんはこの態度を「矛盾しているんだけど、でも本音だとも思う」と語り、そこで引き裂かれた結果、彼らは動かなくなる、と分析する。

以上から見えてくるのは、「知らないこと」「わからないこと」「不確定なこと」へ若者がいだく「不安」が彼らを「沈黙」に追いやる可能性だ。そしてそうしたメンタリティを持つ人々にとっては、基地反対を唱える年配の人々や、運動の先頭に立つ若い人々は圧倒的な正しさを持った存在として立ち現れる。こうして「自分がそれについて語ってよいのか」「意見を持っていいのか」という逡巡は、「語らないほうが無難」「行動しないほうがまし」という選択に結びつけられるのだ。「沈黙」を選ぶ回路のひとつがここに見出せる。

(3)選ばれる「沈黙」その２～「対立の忌避」

二つ目の「沈黙」を選ぶ回路は、「対立を忌避する」という考えだ。ここでも語りに耳を傾けてみよう。

「（ご自身の授業実践のお話のながれで）全然ちがう意見の人たちをひとつのところでグループディスカッションさせてっていうのは学生さん、しんどかったと思うんですけどね。顔見知りで政治的な意見をあいまいにして会話するのが日常になっているのに、突然、この教室の中だけだから露にやってくださいっていうのはだいぶ厳しかったと思うんです。でも、おもしろかったのは、こういう話をしてはいけないと思います、っていった学生さんがいて。こういう話をすると（賛否をあらわにすると）問題があるんだって、露にすること自体に、人間関係とか、生活のなかで、こういうのはもう話さないのが一番いい、とりあげるべきじゃないっていうのをたぶん言いたいんですよね。感情的に書いていたんで読み取りづらかったんですけど、でもそれって沖縄のなかでよくあることだとおもうんですよね。その話をしてはいけないんだっていう感覚があるっていう、揉めそうなことはイシューにしないという感じですよね」（高山さん　２０１８０９３０）

「日本人は争いを好まないでしょう。アメリカでは議論が収束しなくても（平行線でも）お互いが意見を言うし、言わないといけないという感覚が強いのかなと思う」

「日本は言ったもの勝ち。あちらは言ったことについて反論する人がいるが日本では黙る。『うるさい』と思われることを嫌う。少数派は仲間外れにされることをおそれて話ができない雰囲気がある。受け取る側の排他的なスタイルがそれを助長する。学校がまさにそれ。職場だってそうじゃない。」（藤川さん　２０１８０９２８）

おふたりに共通するのは、「意見を言わない」「意思表示をしない」ことの大きな理由として、意見の表明がしばしば「波風を立てる」「争いになる」という認識があるのでは、という分析だ。そしてそれは個人的な事情に還元できず、「沖縄」あるいは「日本」という文化的な事情に還元されるべきものととらえられていることにここでは着目しておこう。

それが文化的背景を持つということは、集合的な意思との関係が考えるべき論点となるということでもある。確立された「エスタブリッシュメント」にとって、波風を立てるものの存在は自身の正当性へのノイズであり、それが大きくなれば自身を脅かす勢力となるがゆえに、「沈黙」はきわめて都合がよい状態だ。しかしもちろんここで語られる「沈黙」を選択する主体は、そもそも「エスタブリッシュメント」に実際には批判的ではない、という可能性があるかもしれない。

その場合重要なのは、こうした場に居合わせる人々が何を「エスタブリッシュメント」としてみているか、という点になる。この点が「反基地」に共感する人と、「反・反基地」を考える人の間でのすれ違いを生んでいる可能性がある。そして向井さんが言うように、若者の多くが「反基地」をひとつの「エスタブリッシュメント」と考えているなら、実際に、基地問題についてそもそも賛成であるという意見を持つ人の中には、「沈黙」をもってそれに対峙することを選ぶ人たちがいる可能性も想定できる。

これについてさらに高山さんの認識を聞いてみよう。

「戦争は反対、基地も本当はないほうがいい、でもアメリカの人にはいい人も、仲のいい人も、恋人もいる。基地は今すぐになくすのはちがうとおもう、という感覚をもつ若い人が多いのではない

か」

「仮定の話。防衛力として期待していても、そうといえない。だからとりあえず上記のような議論になるのでは。闇が深い。」（高山さん　２０１８０３０８）

高山さんが語るのは、「基地反対」ではなく、基地の存続を本音では望んでいる若者についての分析だ。はじめに語られるのは、「基地賛成」ではないが「容認」と考える人々たちの背後にどんな考えがあるかについての高山さん自身の推測に基づく理解だ。本章のここまでの議論で言えば、はじめにとりあげた「生活実感」と「基地反対」とのズレという問題としてこれを捉えることがおそらく可能だろう。

しかし高山さんの議論が興味深いのはその先にある。「仮定の話」と断りつつも彼が語るのは、実際、基地の必要性を「防衛力としてのそれ」と考えている学生がいても、それを表立っては言えないのではないか、ということだ。向井さんが語った「反・反基地」という感覚を支えるひとつの論理として、実際の基地機能を重視する声がありうるのであり、しかしそれが言えないという空気を感じている若者がいるのではないか、と高山さんは語るのだ。同様の点について、向井さんは以下のように語っている。

「米兵にもいい人はいますよ、と言いたくなる空気がある。本気で思っているというよりは、全体として、政治的中立性を取ろうと、バランスを取ろうとしているのではないかと思う」（向井さん　２０１８０３０８）

ここで彼が語るのは、「米兵」「基地」が「悪いもの」であるという捉え方、つまり「反基地」のメンタリティへ、若者が感覚的に覚える反発の中身であり、表現のひとつの形である。ただしそれは本気で考えられているというよりは、中立を望むバランス感覚であると向井さんは指摘する。つまり向井さんにとって若者の「本音」は実際には「反基地」かもしれない、ということになろう。その点で高山さんと向井さんは異なる若者像を想定していることになる。

しかし両者に共通するのは、若者たちが「反基地」的言説の「過激さ」や「辛らつな批判」といった性質に違和感をもっているという見方[23]と、しかしそのことを容易には言い出せない感覚があるのではないか、と考えている点だ。本音では「反・反基地」と考えていてもそれが言い出せない感覚の存在は、「沖縄におけるエスタブリッシュメントは反基地だ」という向井さんの現状認識と共鳴する。そして重要なのは、若者にそうした感覚が広がっている可能性であり、それを口にしないことが、彼らが「沖縄」を生きていく上での一つの「処世術」と認識されている可能性がある、ということだ。

こうした状況は、「反基地」が「沖縄アイデンティティ」と同一視されるとき、特定の人々にとっては自身を問い直す「しんどさ」として現前するだろう。それは先に見たように、「党派性」「属性」と行為や考えを結びつけるわれわれの日常感覚が多くの人に共有されているからだ。そのなかで「基地問題」に向き合う「沖縄の若者」は、自身の実感とのズレを感じながら「沖縄アイデンティティ」を背負わされ、別の場面では「知識のない若者」としての自身の不十分さに直面させられる経験をする。こうして彼らは引き裂かれ、「基地を語る」状況や場面から撤退し、「沈黙」を選択するのではないか。これが二つ目の回路である。

以上、４節では、主に若者たちが「基地問題」への「沈黙」を選択している可能性と、その背景にある彼らの論理を抽出した。共通するのは「エスタブリッシュメント」に向き合うなかでそれらが選ばれてきたということだろう。その過程が見えにくいのは当然だ。なぜなら彼らは「沈黙」が自身のアイデンティティの揺らぎを隠し、状況を利することをよく知っているがゆえに、これを悟られないようにふるまうからだ。その意味で彼らにとっての「沈黙」は「エスタブリッシュメント」に対する明確な抵抗であり、ひとつの戦略なのである。

したがって以下のように言うことが可能だろう。彼らは決して「政治」に「無関心」なのではない。自分たちなりに考え、意見を持とうとし、もがいている若者が少なからずいることは私の実感とも重なる。むしろ彼らが「無関心」に見えるのは、本稿でみてきたような葛藤に目を向けないからだ。

ただこのように書くと、「沖縄アイデンティティ」の代名詞といわれそうな「反基地」を声高に叫ぶ人たちの「無知・無理解」こそが問題、ととらえられる方もあるだろうか。しかしわたしはそうは考えない。「沖縄アイデンティティ」と「反基地」を強固に結びつけてきたのも、むしろ「本土」の人間たちだからだ。そしてそこに、三つ目の「沈黙の回路」がある。

5.「沖縄アイデンティティ」を要請したもの～「県外移設論」への「権力的沈黙」

野村浩也は「沖縄」は日本国の「植民地」であると断言する。もちろん現在の「法制度下」においては植民地としての「沖縄」は存在しない。しかしそれをもってなお、実質的に「沖縄」は植民地主義の下にあるというのが彼の主張だ。具体的に目に見えるあからさまな方法ではなく、精神を支配し、新たな形で実質的な植民地状態の下におくこの状況は、ポストコロニアリズムという概念で示されると野村は指摘する[24]。その際、植民地主義を行使する主体はだれか。野村はそれを「日本人」であるとし、しかしポストコロニアリズムの行使のもっとも巧妙な特徴として、それが無意識になされる点をあげている。

野村はその点を理解する例として、沖縄との連帯を掲げる「良心的日本人」が、「県外移設論」を持ち出したとたんに沈黙し、結果的に現状維持に加担してきた点を批判し、これを「権力的沈黙」と呼ぶ。また、知念ウシも同様の状況を「シランフーナー（知らんぷり）の暴力」と呼んだ[25]。1990年から2期8年にわたり県知事を務めた大田昌秀は、95年9月に起きた米兵3名による少女拉致監禁強姦事件に対し復帰後最大の85,000人を集めた抗議集会に関する記者会見で「日米安保条約は大事だというから、じゃああなた（基地を）ひき取ったらどうですかというと、どなたも引き取るとはおっしゃらない。どこまで沖縄の人はがまんすればいいんですか」と憤りを語ったが、この構造、すなわち「日米安保体制」を前提に、沖縄に基地を集中させるという日本政府の方針は今日まで変わらない。

高橋哲哉はこの点について、1995年以降、アメリカからは沖縄基地の本土移転の検討に向けたアクションが複数あったが、その都度「本土」の側がそれを受け入れなかったとし、沖縄に軍事基地が置かれ続けるのは地政学的理由ではなく、むしろ政治的な理由であると指摘する。そしてそれはアメリカとの間にではなく、日本政府や移転先として名前があがった自治体政府、つまり「本土に住む日本人」との間の政治的理由だと厳しく指摘するのだ[26]。

そして問題は、こうした状況を変えようとする側には、変えるための合理的な理由説明が求められることだろう。歴史的経緯を踏まえてなお「沖縄」に基地を置く現状を維持したい側は、相対的にはその説明責任は低くなるのが実際だ。これも「問題設定の政治」であり、エスタブリッシュメントの力なのである。ゆえに現状維持派は議論に向き合う必要はない。ただ反対が大きな声にならなければよいのだ。「権力的沈黙」はそうして有効に機能する。

つまりここでの「エスタブリッシュメント」は、「沖縄」にとっての「日本政府」であり、「現状維持派」である。では、それに対抗しうる手段は何だろうか。向井さんに「若者にとってのエスタブリッシュメント」と名指された「反基地」を掲げた人々が、こうした状況下で「連帯」を模索したことは、わたしには当然の選択と映る。加えてこれも重要なことだが、日米安保体制は「沖縄」が日本に復帰する以前に作られてしまった体制だ。その変更には当然、国政を動かすという膨大なエネルギーを要する。

こうした圧倒的な状況を前にして、沖縄の人々は政治にどのような希望を持てばいいのだろうか。以下に紹介する声はこうした状況へ向けられた怒りとあきらめといっていいだろう。

「沖縄ではそれでも『基地反対』はマジョリティ。しかしこれが国政に行くと逆転する。長い反対の歴史があるなかで、しかし変わらない。変わってこなかった。それに対するあきらめがある。それよりも「実」（生活保障）を取る気持ちになるのは理解できる」（藤川さん、２０１８０３０８）

「そんな極端な運動をしてほんとうに変わるんかなと。結局そんなことは中央が決めること。そもそも地元が反対しないと（基地が）なくならないことの方がおかしい」（平前さん、２０１８０３０９）

「どっちがなったとしても、悪くも良くもならない、変わらないっていう感じ。そう思ってたしね、実際。ふつうに思ってた」（高島さん　２０１８１００１）

共通するのは、くりかえし主張しても現状が変わらないことへの絶望であり無力感である。そうした感覚を強くもつ人々にとって、それでも「基地反対」を声高に叫び続ける人々がしていることは、ある種の虚しさをも帯びて見えるだろう。同時に、自分たちが直面する課題がほかにあるとき、「現状維持」はけっして悪い選択とは思えない。つまり彼らは「無関心」なのではない。自身が今置かれている状況に必死であればあるほど、「基地問題」への優先順位は相対的に後退せざるを得ない。現状維持を目指す人々はこのことをよく知っているがゆえに、「基地反対」に「生活保障」を対置することで、「沖縄アイデンティティ」にくさびを打ち、分断をはかるのだ。[27]

しかし一方で、「基地問題」が自身の祖父母世代、父母世代にとって大きな歴史的意味をもつことを、その重さを、若者の多くは実感として知ってもいる。たとえば『沖縄／大和』というドキュメンタリー映画[28]には、自身の幼少期の記憶として、米軍基地関連施設で働く父親に連れられて反基地運動へ参加した経験を戸惑いながら話す若者が登場する。そうした経験は、「沖縄で生きること」が「反基地」と分かちがたく結びつくことを確認させることにもなるだろう。藤川さんが「沖縄では反基地がマジョリティ」といい、向井さんが「反基地は権力構造化している」と語るそのリアリティは、こうした日常感覚におそらく支えられてもいる。そしてだからこそ、彼らは変わらない現状にいら立ちもするし、変わらない状況や運動に無力感を覚えるのだ。

同時に、それでも愚直なまでに反対闘争をする姿に自身を重ねることもできない。それは自身のアイデンティティの問題として、「ウチナーンチュ」を胸をはって語れない自分、という自己評価という形で立ち現れる。これは実存的な迷いを彼らにもたらすだろうし、「語れる資格」をめぐる逡巡に投げ込まれることにもなろう。その構造は、「反基地」が「沖縄アイデンティティ」との結びつきを強めれば強めるほど、彼らの中にある心の間隙を広げることになる。そしてそうした人が「沈黙」を選択する。これが三つ目の「沈黙」の回路である。

6．おわりに

以上、「沖縄の若者の沈黙」の背景に何があるかについて、本章では複数の語りに依拠しながら仮説的に示してきた。最後にそれを振り返っておこう。

まず「沖縄」の戦後のあゆみの中でもたらされた「問題設定の政治」が重要な社会的文脈である。「沖縄」にとってそれは、「基地反対」か「生活保障」か、という具体的な選択として現れている。そしてその「選択」を強固なリアリティとして支えるのが、十分な生活保障の仕組みが構築されてこなかった歴史的な状況だ。この状況が特に国政との関係を考える際に、人々を党派や利害にそって分断する素地になっており、「基地反対派」が生活保障を重視する人や投票に足を運ばない人に対して、しばしば「無知・無理解」という厳しい目を向ける背景となっていることが重要だ。

そうした社会的文脈において、第二に、「反基地」という「基地問題」をめぐる一方の立場性を、「沖縄」の若者たちがエスタブリッシュメントとして理解している可能性が示唆された。その理解の背後には、「反基地」が自分たちの生活世界での実感と必ずしも重ならない状況下で、一方では「沖縄アイデンティティ」を「本土」から背負わされ、他方では「基地反対派」からも期待される中で、これと完全に同一化できない自身の状況に戸惑いを覚えている可能性を示した。そしていわば「引き裂かれた」その感覚が、「基地反対」を沖縄におけるエスタブリッシュメントとして認識させ、それと対峙する過程で、自身の意見や考えを「語らない」、つまり「沈黙」を戦略的に選ぶ、という可能性を指摘した。

そして最後に、若者にとって「エスタブリッシュメント」にうつる「反基地」は、それ自体が国政との交渉の過程で作られたことを指摘し、一方でそれが現状を変えられないことを突き付けられることで、より将来への展望や希望を持ちにくくさせられている可能性を示した。つまり「沈黙」を選ぶ若者には、二重のエスタブリッシュメントが作動している可能性がある、ということだ。それは事態への抵抗を、考えることを、彼らから奪う可能性を持つ。

そしてそうした状況下で「沈黙」を選んだ若者が「無関心」「無知」として自他に位置づけられるとき、エスタブリッシュメントへの反発や抵抗の思いはさらに強くなるか、あきらめるか、といった判断に向かうだろう。それはさらなる「沈黙」へ向かう循環の回路である。

では、この循環の回路を断ち切るために何が必要だろうか。言い換えれば、われわれの前に立ちはだかる「エスタブリッシュメント」にくさびを打つために何が必要だろうか。この問いの検討には、本章で見てきた「沖縄」で起きていることを「本土」に拡張する作業を要する。以下、重要な点を二つ確認しておきたい。

一つ目は「沖縄」と「本土」の人々にとって、共通した「エスタブリッシュメント」を想定することの重要性だ。本章が照準する「若者」に絞ってここでは考えてみよう。「沖縄」の若者が「基地があることが当たり前だった」「反基地闘争が当たり前にあった」と語るのと同様、「基地がないことが当たり前」である状況が「本土」の若者にあることは自然だろう。そうであるなら、そうした状況を踏まえてなお「沖縄への加害性」が自身にあらかじめ降りかかる状況は、わたしにはそれ自体、「本土」の若者にとって大きな重荷になりうると思える。言い換えれば両者の関係、ある種の分断の関係は、歴史があらかじめ所与のものとして彼らにもたらしたものであり、ここに彼らにとっての「問題設定の政治」が潜んでいると考えるべきだろう。

しかし問題は、その状況の放置が「シランフーナーの暴力」に直結することもまた事実である、ということだ。それゆえ野村浩也は「植民地主義者であること」は、属性の問題ではなく、自身がとる政治的なスタンス、つまりポジショナリティの問題である、と指摘する。つまり「加害者ではない自分」を選ぶことのみが、その地位から自身が降りることを可能にする、というのが彼の主張なのだ。

しかし野村のこの議論について、私は原理的には賛同するものの、完全には同意できない。それはこうした議論を考察する場合、本土の若者にそうしたポジションを取ることを困難にさせている状況への目配りがそれでも必要だと考えるからだ。これが二つ目の重要な点であり、本委員会でわれわれが確認しようとしてきた点である。それは「本土の若者」も、現在進行形でまさに「貧困化」や「時間搾取」のもとにあり、自身の生活や生きることそのものを優先せざるを得ない状況に追い込まれているということに他ならない。これは沖縄の若者とは表面的な形こそ違えど、やはり社会構造的な状況がもたらす困難だろう。つまり本土の若者にも、野村が言うポジショナリティを意識させない社会構造的状況、つまり「問題設定の政治」が現前している可能性にわれわれは目を配らねばならない、ということだ。

以上を念頭に置くとき、私には今回の「沖縄調査」で出会った二人のことが思い起こされる。おひとりは、沖縄から「大和」にわたり、時間の経過に従って徐々に「沖縄アイデンティティ」から自身を切り離すも、それを突き付けられた際に自身の変化に戸惑っている女性、もうおひとりは「本土」から「沖縄」へわたって生活をする中で、「沖縄」に対する「本土人」としての自身がもつ加害性の重さに苦しむ男性だ[29]。おふたりに共通するのは、「沖縄／大和」の狭間に自身を置かざるを得ないことが持つアイデンティティの不安定さへの戸惑いであり、所在なさの感覚だ。本章の議論を経たわれわれには、お二人の戸惑いの背景に「沖縄（人）」「大和（人）」という問題設定が自明のものとしてあること、そしてそれ自体が歴史的構築物であるという可能性を読み込むことが可能だろう。

そしてその認識を共有したとき、「沖縄／大和」という対置のされ方自体がもつ、われわれの「政治的態度の縮減状況の原理」が顕わになるとわたしは思う。われわれは社会的な状況下でこの「同じ」問題設定により分断させられているのだ。そしてその原理の理解が「沖縄／大和」だけではない「われわれ」の在り方の可能性を拓くはずだ。それはよくいわれる、歴史を顧みない「未来志向」ではない。歴史的文脈はわれわれに分断をもたらした構造そのものである以上、それに立脚することなしに「未来志向」はありえない。歴史を顧みたうえで、「沖縄（人）」「大和（人）」だけに立脚しない双方の関係の在り方を模索するという「未来志向」だ。

その先にどのような新しい関係性がありうるのか、また具体的にどのようにそれが実現可能なのかは今の私には見通せない。しかしその芽については、当の若者たちが語っている。今回の聞き取りのひとつ、座談会で語られた彼らの言葉に、最後に耳を傾けよう。

「なんか違うかもとか、あとはなんか今この話じゃないかもとか、今まだ自分の中でちゃんといえないとか、そういうのが話せないっていう要因のひとつだから、それすら出していいっていう場。んーちょっとよくわかってないんだけど、こんな感じの感情があるっ、ていうのを出したとしても、それをみんなが拾ってくれるし、それはなんで?っていう感じでみんなが耳を傾けてくれるっていうのはおっきいんじゃないかな」

「話しを重ねる時に、自分の中で感じていることを自分では言葉になってない時でも、ああそれいいたかったこと、って言うことを自分たちが体感知として持っていると、聞くこともすごい集中して興味持って聞けるし、自分が言いたいことが固まっていなくてもなんかそんな感じで、これとは違うちょっと違うっていう感じで、自分はここに共感してるんだけどどう?とか、逆に他の人の言葉として出てくるときに自分の言葉が2割で他の人の言葉が8割の感じで作ってくれるので、お互いが補いあいながら何か作っている感じ」

「そうそう、真ん中に出している感じ。自分のあるものを出してるんじゃなくてここに積み上げていって、あーこれだっ、て言うそんな感じ。」

「たぶん、みんな自分が出来上がったものをぶつけている感覚は無いので、それが心地よいというか。みんな完璧じゃないので、投げてできていくっていうのをわかっている人たちが集まっているから、あなたの意見はそんな完璧じゃないって崩し方をする人もいないし、どこが違和感あるのかっていうことも、ここで一緒に作って行っているという感じがあります。」

---

1 朝日新聞「沖縄２０１８＠貧困　18歳母　自立求め夜の店へ」（２０１８．９．22）
2 渡口氏は選挙後、沖縄タイムスや琉球新報をはじめとするメディアからの取材を拒否した。氏はその理由として、繰り返し「佐喜真氏と玉城氏の事実上の一騎打ち」と報じたメディアの問題を挙げた。
3 ２０１９年10月１日、６名が参加した座談会における10代の女性の発言。
4 特にそのように設定したわけではなかったが、３月の聞き取りでは２月４日投開票の名護市長選挙の結果（政権与党推薦の渡具知武豊氏が当選）、９月の聞き取りでは９月30日投開票の県知事選挙と宜野湾市長選挙の選挙戦とその結果を意識して語ってくださった方が多かった。
5 数字は聞き取り日時を示す。
6 那覇新都心地区、小禄金城地区、桑江・北前地区の３地区合計では返還後の跡地利用により、返還前と比べて直接経済効果約28倍、雇用者数約72倍と試算されている。（『Q&A』：17）
7 照屋剛志「観光、ＩＴ、物流、かつてない好景気　欠かせない『基地依存』誤解の解消」『Journalism』３２７：53
8 「沖縄県の所得水準はなぜ低いのか（現状・背景・処方箋）」（２０１８年10月５日　日本銀行那覇支店　http://www3.boj.or.jp/naha/pdf/uchina181005.pdf　２０１９年３月27日参照）

9 「ろうきん　働く仲間のゆめ・みらい基金　取り組み内容報告」

10 櫻澤誠２０１６『沖縄の保守勢力と「島ぐるみ」の系譜―政治結合・基地認識・経済構想』有志舎：２０４―２７２.

11 櫻澤誠２０１４『沖縄現代史　米国統治・本土復帰から「オール沖縄」まで』中央公論社：49―72.

12 注８と同。

13 沖縄県企画部２０１８『経済情勢 H29年度版』：16

14 櫻澤，２０１４：79―80.

15 島袋純２０１４『「沖縄振興体制」を問う：壊された自治とその再生に向けて』法律文化社

16 土岐直彦２０１８『闘う沖縄　本土の責任』かもがわ出版：２３７

17 ２０１８年10月１日実施の座談会における発言。

18 この点は、上間陽子２０１７『裸足で逃げる 沖縄の夜の街の少女たち』太田出版 や、藤井誠二２０１８『沖縄アンダーグラウンド 売春街を生きた者たち』講談社 など、近年の沖縄の若者たち、中でも女性たちが置かれた「貧しさ」に焦点化したすぐれたエスノグラフィーも例証している。

19 ゆえに「自立」をめぐる議論の多くは「精神的自立」の前提に「経済的自立」をおく。

20 たとえば、返還前の60年代、復帰後の本土に対するアドバンテージをさぐる沖縄では、現状のアメリカとのつながりを活かす方向で、アメリカの民間資本を活用する戦略を練ったことがあるが、これについては復帰後のアメリカと沖縄の緊密さを嫌った本土が認めなかったという事実がある（櫻澤，２０１４：１５３―１５６）。

21 県が制定する沖縄慰霊の日は６月23日、公休日であるこの日に沖縄全戦没者追悼式が行われる。それを踏まえ県内の学校の多くはその前後に平和学習を実施する。

22 同時にこれは、たとえば彼が県知事選挙を「オール沖縄」勢力として戦った際、三選を目指した仲井眞元知事サイドが、共産党支持を取り付けた翁長陣営に対し、「革新不況」とネガティブキャンペーンを張った際にも強調されている。（櫻澤，２０１５：３１８）

23 紙幅の都合があり省略したが、もうひとつ語られたのは、沖縄における報道への違和感だった。そこでは米兵が起こした事件がウチナーンチュの起こしたそれよりも厳しく扱われていると思う、という実感が語られており、報道へ距離を取りたがる若者が多いことが語られている。

24 野村浩也編２００７『植民者へ　ポストコロニアリズムという挑発』松籟社：32―39.

25 知念ウシ２０１３『シランフーナーの暴力　知念ウシ政治発言集』未來社.

26 高橋哲哉２０１５『沖縄の米軍基地「県外移設」を考える』集英社：47―94・95年の少女暴行事件への対応検討において、米国議会でナイ国務次官補が「日本政府が望むなら部隊を本土へ移転することにも応じる」と発言、普天間返還交渉にあたったモンデール駐日大使が交渉について「日本政府が在沖海兵隊を沖縄から追い出したくなかった」と語ったとされる。

27 行政的にはこの点は、県と市町村とのあいだの間隙という形で現れる。櫻澤はこの点について、１９９７年以降に創設された沖縄経済開発事業費と別に設置された政府補助金が、県を通さず、国から直接市町村に渡されるものであったことで、県と市町村、さらには市町村間の関係を複雑なものとしたと指摘する。（櫻澤，２０１５：３２４）

28 比嘉賢太監督、２０１４年作品

29 女性は先にとりあげた『沖縄／大和』に登場する20代、男性は聞き取りで出会った30代の若者である。

第六章　〈声〉の政治

堅田香緒里

0. はじめに

「民意」とは何か。ひとつ言えることは、民意それ自体に実態はないということである。だから、それは常に、なんらかの代理指標――世論調査であったり、得票数であったり――によって憶測されるよりほかない。もうひとつ言えることは、これが民意だ、と言い切れるような「一枚岩の」民意などないということである。だから、「民意とは」と言い募るとき、それは常に、少数者の声を掻き消す暴力と共にあらざるをえない。

この、実体のない、そしてどうしようもなく複数的な「民意」に挑もうというのが本研究会の当初の趣旨であった。そしてこの試みは、実態のない民意のつかみどころのなさにより、その当然の帰結としてすぐに頓挫した。そこで、私たちが代わりに焦点化することにしたのが「政治的態度」である。たとえば、「若者の政治離れが進んでいる」というような言明において、若者の「政治的態度」が剥奪状態にあることが杞憂されたりする。このような問題を再考してみよう、というわけだ。

本稿では、「政治的態度」の問題に向き合うその少し手前に立ち止まって、そもそも「政治」とはいったい何かということ、そして「政治」のアリーナからあらかじめ排除ないし周辺化されている少数者の〈声〉――とりわけ貧者の〈声〉――のことを考えてみたい。そのうえで、そのような〈声〉が聴かれるようになるためには、何が求められるだろうかという答えのない問いにも挑んでみたい。

1．政治をめぐって――〈声の政治〉とは

政治には「大文字の政治」と「小文字の政治」があると言われることがある。前者は、いわゆる議会内政治を指し、後者はそうした議会内政治の外部の〈政治〉、すなわち議会外政治や「日常生活の政治」を指すとされる。こうした文法に従うなら、本稿の問題関心は「小文字の政治」に近いところにあると言えるだろう。けれども、より正確には、「大文字の政治」であれ「小文字の政治」であれ、それらのいう〈政治〉が前提とするものの外部に、関心の焦点がある。それは、〈政治〉のアリーナから（あらかじめ）排除ないし周辺化されている者の「声」をめぐる〈声（voice）の政治〉である。

まず、ここで政治というとき、それは、様々な実践や討議、したがって言説政治を含むような、相対的に広義のものを指す。さらに、そうした実践や討議は、ア・プリオリに用意された場や合理に基づくものではなく、むしろそうした場に登録されていない者たちによる営みを含むものとして観念されている。こうした政治理解は、ジャック・ランシエールのそれに多くを負っている。

> 政治が存在するのは、社会の分け前や当事者の計算が、分け前なき者の分け前を登録することによって撹乱されるところである。（Ranciere 1995＝2005: 199）

スラヴォイ・ジジェクは、このようなランシエールの議論を援用しながら、政治とは「ある者の訴える声を、対話の相手として認められている者の発した声として聞いてもらい、その声だと認識してもらうための抗争」だと論じている（Zizek＝2005: 336）。少し長いが引用しよう。

> **ギリシアのデーモスからポーランド人にいたるまで、『排除されている者たち』が、支配エリートたち（貴族やノーメンクラツーラ）へ反抗するとき、その真の主張は、かれらが直接訴える要求（賃上げ、職場環境の改善）ばかりなのではなく、自分たちが議論の場で対等な対話の相手として耳を傾けられ、その地位を認められるという、まさにその権利だったのである（*ibid.*: 336）。**

つまりここで重要なのは、〈声〉（主張）の内容ばかりなのではなく、〈声〉（主張）が平等な地位をもって認められるということなのである。こうした〈声〉をめぐる政治の議論は、政治をめぐる闘争が意味するものは、一般に理解されているように「複数の利益や関心のあいだで闘わされる合理に基づいた議論や討議」そのもののみではないということを私たちに教えてくれる。政治とは、そうした合理に基づく討議の手前で、そもそも、ある者の訴える声が、対話の相手として認められている者の発した声として聞かれ／認識されるための抗争をも含むものなのである。このような政治を、ここでは〈声の政治〉と呼んでみたい。それは、政治とは「何か」（あるいは、政治的態度とは何か）という問いから、政治の主体は「誰か」という問いへ、ずらしていく試みであると言えるかもしれない。

2．貧困の政治

では、そうした政治の主体とは誰なのだろうか。ランシエールのいう「分け前なき者」の典型、合理に基づく討議の場にあらかじめ登録されていない者の典型は、言うまでもなく貧者である。そこで本稿では、貧者の〈声〉をめぐる政治、貧困の政治の磁場に光を当ててみたい。

さて、貧困は、「規範的な（prescriptive）[1]」概念だと言われることがある。このことをピート・オルコックは、不平等（inequality）という概念と対比しながら説明している（Alcock 1997）。不平等と貧困とは、しばしば関連しているが、全く別の概念である。オルコックによれば、その最たる違いの一つは、不平等が記述的な（descriptive）概念であるのに対し、貧困は規範的な（prescriptive）概念だという点にあるという（*ibid.*）。たしかに「容認可能／容認不可能な不平等」という言い方に表れているように、不平等が規範的な問いとなることもあるかもしれない。けれども多くの場合、そこで問題にされているのは不平等の「程度」であって、その「存在」そのものではない。これに対して貧困は、それ自体、「容認できない」状態を含意しており、それゆえ「それに対して何かがなされなければならない」という規範を常に含むものである（*ibid.*）。つまり貧困は、その「程度」というよりも「存在」そのものが問われ、争われるような、規範的な概念だといえよう。そして後述するように、この「容認できない」という規範ゆえに、貧困の概念は常に政治的なものとなる。

2-1　貧困をめぐる二つの政治

この貧困の政治性について、イギリスの貧困研究者であるルース・リスターは、以下のように説明している。「貧困の**道徳命令および資源の分配へのその含意／インプリケーション**のゆえに、社会内であれ社会間であれ、貧困は政治的な概念である。貧困はそれ自体非常に争われる概念なのである」、と（Lister 2004: 4　傍点筆者）。ここでいう「資源の分配へのその含意／インプリケーション」というのは、たとえば、貧困のあるところ（貧困者や貧困地域）に資源が分配されなければならない、という規範を意味している。しかし実はこうした規範の前提には、貧困の「道徳命令」とでもいうべきもの、すなわち貧困を「容認できない（unacceptable）」という、もう一つの規範が存在している。もちろんこの両者は密接に関連しており、綺麗により分けられるものではない。したがってここでの区別は実態的なものではなくあくまでも分析的な区別に過ぎないということには注意が必要である。

ともあれ、これらの二種類の規範は各々、二種類の政治を導きうる。第一に、貧困の道徳命令に関するもので、「容認できない」という規範をめぐる政治である。ここにおいては、貧困の〝解釈〟、つまり「何を容認できないもの（＝貧困）とみなすか」、「誰が」それを解釈するか、という点をめぐって争われうる。これに対して第二のものは、資源の分配への貧困の含意に関するもので、「それに対して何かがなされなければならない」という規範をめぐる政治である。ここにおいては、誰／どこに、どのような方法で、どれだけの資源を分配すべきか／せざるべきか、というように、貧困の〝緩和／解消〟をめぐって争われうる。このように、〝貧困の政治〟とは、分析的に二つの次元に区別することができるのである。

さて、貧困と同様、単なる記述的な概念ではなく規範的な概念であるもののうち、社会福祉においてとりわけ重要な概念の一つに、「必要（need）」がある。フェミニスト政治学者のナンシー・フレイザーは、この「必要」概念をめぐって、二つの異なる政治を対置して示している（Fraser 1989: ch.7）。すなわち、必要の「充足」に必要の「解釈」を対置することで、その充足だけではなく「解釈」もまた重要であることを指摘し、〝必要解釈の政治（the politics of need interpretation）〟の必要性を説いたのである。言い換えれば、必要を満たそうとする前に、私たちが満たそうとしているものが何なのかを考える必要がある、ということである。このような〝解釈〟をめぐる政治において重要なのは、言うまでもなく、「誰が」必要を解釈し、決定するのか、という問いであろう。このことは貧困についてもよくあてはまる。貧困を測定したり、その〝解消〟を目指したりする前に、私たちが測定しようとしているもの、あるいは解消しようとしているものは何なのかを考える必要がある、ということだ。そして、貧困〝解釈〟の政治において重要なのは、「何を容認できないもの（＝貧困）

とみなすか」という問いと並んで、「誰が貧困を解釈し、決定するのか」、という問い、すなわち主体をめぐる問いなのである。

2-2 貧者の〈声の政治〉

リスターは、「貧困者の生活に影響を与えるような意思決定への貧困者自身の関与を規範的に支持する」という立場から、貧困の政治をめぐる枠組みを構成しようとしてきた。その背景には、現時点では貧困者が自身の生活に影響を与えるような意思決定の場に参加することが困難であるという状況――換言すれば、そうした討議の場に貧者があらかじめ登録されていないという状況――に対する問題意識があることは言うまでもないだろう。このため、彼女が構想する貧困の政治の、最も重要な構成要素の一つは、「当事者の〈声〉（voice）の政治」となる（Lister 2002a; 2004a; 2004b）。

ここで〈声〉とは、考え、意見、主張、評価、希望等を含むものである。これはつまり、貧困をめぐる議論や対貧困政策の意思決定過程において、貧困当事者の〈声〉が直接聴かれることを要求するものである。それはまた、貧困者たちがその（権）力（power）を取り戻すことを可能にする一つの方法でもある。このように当事者の主権を要求していく〈声〉の政治はそれ自体、障害者や女性、高齢者などのマイノリティ集団の間で近年広まりつつあるものである[2]。かれらは、自分たちの生に関わる諸議論や諸政策において、自分たち自身の〈声〉を積極的に反映させ、権力を自分たちの手に取り戻すような運動・実践を展開し、一定の成果をあげつつある。これに対し、貧困者の場合、まず問われるのが財の再分配であることもあり、その権力の不均衡を問い、〈声〉の政治を構築してゆく試みはこれまであまり広まってこなかったといえよう。しかし、そうした試みが全くなかったわけではない。以下ではその数少ない例を紹介したい。

３．〈声〉の政治の実践

３-１　ＣｏＰＰＰ（Commission on Poverty, Participation and Power）の取組み[3]

貧困当事者が、自分たちの生に影響を与えうる政策の決定過程や実施過程、評価過程に参加していくことを目指しイギリスで展開された取り組みとして、ＣｏＰＰＰ（Commission on Poverty, Participation and Power）を取り上げよう。ＣｏＰＰＰは、３つの〝Ｐ〟を主題に掲げている。すなわち「貧困（Poverty）」、「参加（Participation）」、「力／権力（Power）」である。貧困の中にある人びとが、自ら力を持ち、自らの生に関わる諸政策の諸過程に参加することを目指した委員会である。以下、ＣｏＰＰＰの前史を簡単に辿ることとする。

ＣｏＰＰＰはもともとＵＫＣＡＰ（UK Coalition against Poverty）から生まれたものである。ＵＫＣＡＰとは、貧困撲滅のための国連の10年における目的を推進するためにイギリスで設立された連合である。本連合は、その設立当初から、そのすべての活動および意思決定過程に貧困経験者の参加を約束してきた。１９９６年には、全国的なワークショップを開催し、貧困経験者たちが、その経験、知識、アイディアを交換し合える場を設定することとなる。そして、こうした試みを一度きりで終わらせてしまわないために立ち上がったのが、ＣｏＰＰＰの前身にあたる〝the Voices for Change project〟である。このプロジェクトは、地域レベルでも全国レベルでもネットワークを組織し、「参加型評価手法（調査法）（Participatory Appraisal）」の技術[4]を用いてきた。

ＣｏＰＰＰでは、〝the Voices for Change〟プロジェクトの成果とともに、当初から、この「参加型評価手法」も取り入れていた。これが、ＣｏＰＰＰの第一の特徴である。当事者（この場合は貧困経験者）の形式的な参加ではなく、実質的な参加を達成するのは非常に困難なことではあるが、その困難こそがこの手法を特徴付けるものであるといえる。このような当事者の実質的参加の形態が最も象徴的に現れているのは、その構成員の配置である。これがＣｏＰＰＰの第二の特徴である。ＣｏＰＰＰの場合、その構成員の半分が貧困の直接的経験者であることを条件づけている（残りの半分は、「専門家」や学識者や活動家等）。このことは、これまでの「（ワーカー／専門家の）専門性」とは異なった、経験的な「（当事者の）専門性」を尊重することを意味する。そうすることを通して、ＣｏＰＰＰでは、これまでとは全く異なる新しい形態の「知（knowledge）」の体系を築こうと試みたのである。

このような様々な工夫により、ＣｏＰＰＰは、その実践の諸過程にできる限り貧困当事者が参加できるような新しい試みとなった[5]。その中で、立場や利害関係の異なる参加者たちは、困難を伴いながらも互いの――個別の、経験に根ざした――「専門性」を尊重し合うことになる。そうすることを通して、ＣｏＰＰＰでは、これまでとは全く異なる新しい形態の「知（knowledge）」の体系を築こうと試みたのである。こうした試みにおいてとくに重要なのは、「結果」だけではなく「プロセス」を重視していた点である。というのも、貧困当事者の生に影響を与える政策の策定・実施・評価を考える際、そのすべてのプロセスに、貧困当事者の〈声〉を反映させること――すなわちかれらの「実質的」参加を達成すること――をとおして初めて、その権力を貧者の手に取り戻すことが可能になるからである。

3-2　M-S（Minimum Income Standard）アプローチの実践

こうした試みは日本ではまだ存在しないが、例えば、近年その引下げをめぐって議論を喚起している「生活保護基準」の策定をめぐる議論に貧困当事者が参加するという形でこれを実践することが考えられよう。その具体的な方法に関して参考になる試みとして、イギリスで生まれたＭＩＳ（Minimum Income Standard）アプローチを挙げることができる[6]。これは、「生活の最低限」を「市民」による討議を経た「合意」によって策定しようという試みで、日本でも少しずつ広がりを見せている（詳しくは、Bradshaw et al. 2008; 岩田・岩永 2012参照）。筆者自身もほんの少し関わったこの試みは、「市民」に開かれていることを重視し、その研究成果の公表方法において、学術論文という手法を取らずに、誰でもアクセス可能なウェブサイトを利用している点にも特徴がある[7]。この試みを応用し、みずからの生にかかわる諸政策において、貧困当事者による討議を経た「合意」を反映させるようなしくみを考えることができるかもしれない。

少し詳しくみてみよう。もともとＭＩＳアプローチは、イギリスのラフバラ大学のCentre for Research in Social Policy（CRSP）とヨーク大学のFamily Budget Unit（FBU）との共同チームによって開発されたものである。以前よりヨーク大学は、栄養や光熱費に関する専門家の知識、消費者への質問紙調査、生産者からの情報（物の耐用性など）、消費データや支出データ等を活用した生活費の算定方法に関する研究蓄積を持ち、一方でラフバラ大学は、人びとが話し合って「合意」しつつ生活費の中身を決定していく方法に関する研究蓄積を持っていた。これら二つのアプローチを組み合わせみようという試みの一つとして、ＭＩＳアプローチは誕生したのである。このため、ＭＩＳアプローチにおいては、一般市民からなる参加者が生活費の中身について話し合い「合意」を形成していくだけではなく、その合意結果を、栄養や消費等に関する専門家（研究チーム）が検証および修正するというプロセスを何度か繰り返す、という方法がとられる。これにより、政策が目標とする最低生活費に関する基準を示すことが、ＭＩＳアプローチの目的である。

このようなアプローチの最大の特徴は、言うまでもなく「市民」の話し合いによって[8]、「容認できる（acceptable）」生活の最低限の基準――誰一人としてこの基準を下回ることがあってはならないという基準――を導き出すことにあるといえる。もちろん、どの程度を「容認できる」とみなすかは一人一人異なるだろう。それでも、同じ社会の中で生きている以上、誰にとっても必要なもの（基本的必要）もあるのではないか。これを、互いの生活に根差した「専門性」を持ち寄って、話し合いながら考えてみる。そうして「合意」できた基準は、暫定的なものとはいえ、社会的な「容認できる」基準であり、これを「政策目標」としての最低生活費の基準として示すことで、その基準までは社会が保障していくことを促していくのである。

　先述したように、貧困は「容認できない」という規範を含む概念である。しかし、何をもって「容認できる／できない」とするかは一人一人異なる。ＭＩＳアプローチは、この「容認できる／できない」に関する、「合意」可能な社会的な基準の解を導出する一つの方法であるといえるだろう。

4．おわりに

　ここまで、とりわけ貧者の〈声の政治〉について考え、これを具体化するための実践的な取り組みを概観してきた。〈声の政治〉にとって最も重要なのは、言うまでもなく、当事者の「参加」である。しかし、「参加」は実に厄介なものでもある。先述したＣｏＰＰＰに、その立ち上げ当初から中心的なメンバーとして関わってきたリスターは、「参加」を重視するアプローチが貧者に適用されるとき、それは多くの場合「見せかけの参加」に過ぎないという（Lister 2004b: 245-7）。それは、貧者の福祉に資するというよりはむしろ、貧困を生み出す社会構造や権力構造を見えなくする「イチジクの葉」として作用し、「管理のための道具」になってしまっていると喝破する。参加とは本来、他者から促されたり要請されたりするものではなく、「純粋に自発的なもの」でなければならない。それゆえ「じっくりと育てることが必要なプロセス」であり、決して「お手軽で固定された解決策」ではないのだ、と（*ibid.*）。にもかかわらず、彼女は決して「参加」の原理を手放さない――だからこそ、これを実現する一つの試みとしてCoPPPに深くコミットしてきたといえよう。では、「純粋に自発的な」「参加」はどのように達成し得るのだろうか。

　たとえばキャロル・ペイトマンは、「自己統治する民主的組織におけるメンバーシップと参加は、権力構造の変化だけではなく、イングラムが『強力な社会的供給』と呼んだ諸条件をも必要とする」（Pateman2002: 51）と言う。そして、「強力な社会的供給」として彼女はベーシックインカムを提案し、これを民主主義のための条件として位置付けている。[9]（Pateman 2006）。また、ナンシー・フレイザーは、彼女の「再分配と承認」という正義の原理を支える規範として「参加の同等性（parity）[10]」を論じ、これを実現するために必要な「社会的装置」／条件として、⑴参加者の経済的自立と「声」（客観的条件）、⑵すべての参加者が同等に尊重されるような制度化された文化的価値の様式（相互主観的条件）を挙げ、このいずれかが欠けても「参加の同等性」は達成できないという（Fraser 2003）。

　つまり、もし私たちが、問題含みながらも「参加」の原理を手放さないとするならば、参加の実質な保障を通して権力を取り戻すことも重要だけれど、それ以上に財の再分配が重要であることを同時に訴えていかなければならないといえよう。とりわけ貧者の〈声の政治〉を考えるとき、このことは重要である。

参考文献

Bradshaw, J.,S. Middleton, A. Davis, N. Oldfield, N. Smith, L. Cusworth and J. Wiiliams, 2008, A Minimum Income

Standard for Britain: What People think, York：Joseph Rowntree Foundation.
Fraser, Nancy, 2003, "Rethinking Recognition: Overcoming Displacement and Reification in Cultural Politics, "Barbara Hobson ed. *Recognition Struggles and Social Movements: Contested Identities, Agency and Power*, Cambridge University Press.
岩田正美・岩永理恵（２０１３）「ミニマム・インカム・スタンダード（ＭＩＳ法）を用いた日本の最低生活費資産—他の手法による試算および生活保護基準との比較」
Lister, Ruth.（2002a）“A Politics of Recognition and Respect: Involving People with Experience of Poverty in Decision making that affects their lives”, Social Policy & Society, vol.1, no.1.
——（2004a）“A politics of recognition and respect: Involving people with experience of poverty in decision-making that affects their lives.” In Anderson, J. & Siim, B.（Eds.）, *The politics of inclusion and empowerment*. New York, NY: Palgrave.
——（2004b）Poverty, Polity Press.
—— & Beresford, Peter 1991 Working Together Against Poverty: Involving poor people in action against poverty, Bradford.
Mouffe, Chantal.（1993）The Return of the Political. Verso.（＝１９９８、千葉眞・土井美徳・田中智彦・山田竜作訳『政治的なるものの再興』日本経済評論社。）
Pateman, Carole（2002）“Self-Ownership and Property in the Person: Democratization and a Tale of two Concepts,” Journal of Political Philosophy, 10（1）.
——（2006）‘Democratizing Citizenship: Some advantages of a basic income’, in Ackerman, B., Alstott, A. and Van Parijs, P.（eds）Redesigning Distribution, Verso.
Ranciere, Jacques（1995）La Mesentente, Editions Galilee.（＝２００５、松葉祥一・大森秀臣・藤江成夫訳『不和あるいは了解なき了解』インスクリプト。）

Zizek, Slavoj.（1999）The Ticklish Subject: the Absent Centre of Political Ontology, London: Verso.（＝２００５、鈴木俊弘＋増田久美子訳『厄介なる主体Ⅰ　政治的存在論の空虚な中心』青土社。）

1　ここで「規範的（prescriptive）」とは、norm（規範）にかかわるもの（normative）ではなく、「記述的（descriptive）」の対義語を指す。

2　障害当事者運動における「私たちぬきで私たちのことを何も決めるな」という標語はこうした〈声〉の政治を代表するものである。福祉国家においては、自立した市民像が「健常者」であることを前提としているために、障害者は「特別な必要」をかかえた依存的存在と分類され、その「特別な必要」を満たすという名目で専門家支配を介した国家による過剰な介入ないし支配が正当化されてきた。障害当事者運動および障害学は、なによりもまずこうした専門家や国家によるパターナリズムを拒否することで福祉国家批判を展開してきた。この標語は、彼／彼女らのそうした姿勢をよく表しているといえよう。

3　以下の記述は、ＣｏＰＰＰ（２０００）およびＵＫＣＡＰ（１９９７）にその多くを負っている。

4　この方法はもともと、地域住民が自ら調査や分析、計画策定、評価などに参加するような、コミュニティ開発手法として誕生したものである。

5　なお、ＣｏＰＰＰの掲げる「参加のための諸原理」は以下のとおりである。（CoPPP 2000: 45）
第一に、貧困経験者の意思決定過程への参加を基本的人権として認めること、第二に、すべての参加者は、参加を実質的かつ有効にするように自分の考え方や行動を変化させることをいとわないこと、第三に、権力を持つ者は、貧困経験者の声にきちんと耳を傾け、すべての人が理解できるような仕方でコミュニケーションし、人びとの貢献を尊重し、人びとの声に従うよう学ぶ用意があること、である。

6　ただし、後述するように、ＭＩＳアプローチは、必ずしも貧困当事者の討議への参加を保証するものではない。このアプローチが念頭に置くのはあくまでも「一般市民」であり、またそれが誰を指すのかについては不明瞭なままである。この点は、ＭＩＳアプローチの根幹に関わる問題の一つであるといえる。

7 「くらしのもよう」ＨＰを参照: http://kurasinomoyou.com/

8 なお、ＭＩＳアプローチにおける「市民」とは「普通の市民（ordinary citizen）」を指し、そこに貧者が常に含まれるとは限らない。このため、貧者の〈声の政治〉を具体化する仕組みとしてこれを考えるときには、ＣｏＰＰＰが行ったようなアファーマティブアクション――参加者の半数以上を貧困経験者にするという基準を設ける等――を検討すべきであろう。

9 なお、ペイトマンは、ベーシックインカムが民主主義の条件となるためには、その水準が重要であると指摘し、その適切な水準として、「控え目だが見苦しくない生活水準（a level sufficient for a modest but decent standard of life）」を論じている（*ibid.*）。

10 ここで同等性（parity）とは、同等な立場を持ち同輩／ピア（peer）になることを意味する。（Fraser 2003）

【執筆者紹介】

工藤宏司（くどう・こうじ）
大阪府立大学人間社会システム科学研究科准教授。専門は社会学、社会問題論・逸脱論。「民意」研究委員会委員長。著書に『「ひきこもり」への社会学的アプローチ―メディア・当事者・支援活動』（共著・ミネルヴァ書房）、『方法としての構築主義』（共著・勁草書房）など。

堅田香緒里（かただ・かおり）
法政大学社会学部准教授。専門は社会福祉学。共著『お金のために働く必要がなくなったら、何をしますか？』（光文社新書）、『ベーシックインカムとジェンダー』（現代書館）、『主権者はつくられる』（アドバンテージサーバー）など。

桜井智恵子（さくらい・ちえこ）
関西学院大学人間福祉学部・人間福祉研究科教授。専門は教育社会学、思想史。著書『子どもの声を社会へ』（岩波新書）、『市民社会の家庭教育』（信山社）、編著『主権者はつくられる』（アドバンテージサーバー）、『戦争への終止符』（法律文化社）など。

広瀬義徳（ひろせ・よしのり）
関西大学文学部教授。専門は教育学、教育行政学、教育制度学。編著『揺らぐ主体／問われる社会』（インパクト出版）、共著『公教育の市場化・産業化を超えて』（八月書館）など。

水岡俊一（みずおか・しゅんいち）
参議院議員（３期）。立憲民主党所属。元中学校教員。2004年に初当選。2011年、野田内閣にて内閣総理大臣補佐官を務める。

柳沢文昭（やなぎさわ・ふみあき）
盛岡大学文学部名誉教授。専門はフランス文学。訳書に『対訳フランス語で読もう「異邦人」』（著者アルベール・カミュ／第三書房）など。

一般社団法人教育文化総合研究所　「民意」研究委員会について

「民意」研究委員会（委員長／工藤宏司、委員／堅田香緒里、桜井智恵子、広瀬義徳、水岡俊一、柳沢文昭）は、「多くの人々が自分たちを苦しめているはずの諸政策をそのまま引き受けてしまうのはなぜなのか」また「学校に限らず社会の隅々にまで張り巡らされた競争的環境によって明らかに苦しめられているにもかかわらず、その競争的価値の枠組み自体を問い直すことよりも、その価値を前提としてその中で成功しようとするのはなぜなのか」－－このような、いわば自発的に苦しい状況に従っていくようにみえる動きをどのようなものとして捉えるかを研究の趣旨として、教育文化総合研究所（所長・菊地栄治）によって立ち上げられた。2017年4月～2019年3月まで研究活動を積み重ねてきた。本書はその2年間の成果の最終報告である。

連絡先　一般財団法人教育文化総合研究所
〒101-0003
東京都千代田区一ツ橋2-6-2 日本教育会館２階
Tel：03-3320-0564　Fax：03-3222-5416

「民意」と政治的態度のつくられ方
2020年5月12日初版第1刷発行

著者　工藤宏司　桜井智恵子　広瀬義徳
柳沢文昭　水岡俊一　堅田香緒里

発行人　岡聡
発行所　株式会社太田出版
〒160-8571
東京都新宿区愛住町22　第3山田ビル4F
電話 03（3359）6262
振替 00120-6-162166
ホームページ http://www.ohtabooks.com
印刷・製本　中央精版印刷株式会社

ISBN978-4-7783-1693-8　C0037

カバー図案：ウィリアム・モリス「格子垣（トレリス）」（1862）より